Chuck Spezzano

Die Sprache des Herzens

vianova
Verlag Via Nova

CHUCK
SPEZZANO

Die Sprache des Herzens

Durch Heilung der Emotionien
ein Leben in Liebe führen

vianova
Verlag Via Nova

Übersetzung aus dem Englischen:
Ulrike Kraemer

Originaltitel:
Heaven on Earth –
The Path of Emotional Maturity, Volume II

---

1. Auflage 2014
Verlag Via Nova, Alte Landstr. 12, 36100 Petersberg
Telefon: (06 61) 6 29 73
Fax: (06 61) 96 79 560
E-Mail: info@verlag-vianova.de
Internet: www.verlag-vianova.de
Umschlaggestaltung: Guter Punkt, München
Satz: Sebastian Carl, Amerang
Verzierungen: © Milos Dizajn – shutterstock_150103664
Druck und Verarbeitung: Appel und Klinger, 96277 Schneckenlohe

ISBN 978-3-86616-294-5

Widmung

Den Priors –
Evie, Tony, Hollie, Robert,
Lizzie und Charlie.
Danke für eure
Wahrhaftigkeit und dafür,
dass ich bei euch eine
zweite Heimat gefunden
habe.

Danksagungen

An erster Stelle möchte ich für die Inspiration danken, die es ermöglicht, dass diese Bücher entstehen. Sie ist eine Gabe, die mir geschenkt wurde, und ich empfange sie, so gut ich es vermag.

Ich danke meiner Frau für ihre Liebe und die Hilfe, die sie mir beim Schreiben dieses und so vieler anderer Bücher geschenkt hat.

Ich danke auch meinen wunderbaren Kindern, die durch die Liebe, die sie geben und wecken, eine Quelle der Inspiration und eine große Hilfe für mich sind.

Meinem Team – Charlie und Napua – danke ich dafür, dass sie sich um das Alltagsgeschäft kümmern, damit ich schreiben kann.

Ein herzliches Dankeschön geht an Sunny, meine Schreibkraft.

Eric und Celia – euch danke ich von Herzen für euer gutes Auge, für unsere Freundschaft und für den Traum, den wir gemeinsam träumen, wenn wir uns über Kontinente hinweg begegnen.

Ein Kurs in Wundern übt nach wie vor einen anhaltenden Einfluss auf mein Leben aus und schenkt mir Frieden und Verstehen. Das vorliegende Buch beruht zu einem großen Teil auf diesem Verstehen.

Ein Segen und ein ganz besonderer Dank gehen an euch, meine lieben Leser, denn ohne euch wäre ich eine Brücke, die ins Nichts führt.

Inhalt

Einführung

Ich konnte nie gut mit meinen Emotionen umgehen. Sie kamen immer wie ein Hurrikan über mich und bliesen mich regelrecht fort. Ich musste den Umgang mit meinen Emotionen wirklich von Grund auf lernen. Ich machte alle Fehler, die man machen kann. Ich verdrängte meine Emotionen, dissoziierte sie, suhlte mich darin, bemitleidete mich selbst, kontrollierte, kämpfte gegen sie, benutzte sie, um Aufmerksamkeit zu bekommen, mich zu rächen oder meine Besonderheit unter Beweis zu stellen. Alle diese Dinge funktionierten aber nicht, denn ich war alles andere als glücklich. Also fing ich an, mich mit Emotionen zu befassen. Ich wollte in Erfahrung bringen, was sie sind und wie man am besten mit ihnen umgeht. Ich lernte, mich meiner Angst so weit zu stellen, dass ich meine Unabhängigkeit aufgeben und eine Partnerschaft eingehen konnte. Du musst diese Prinzipien bei jeder emotionalen Reaktion wieder neu lernen, denn eine Emotion ist genau das: eine automatische Reaktion und nicht das bewusste Eingehen auf einen anderen Menschen. Die Emotion scheint außer Kontrolle, und du scheinst außer Kontrolle im Hinblick auf die Emotion, die dich durchströmt. Es ist wichtig, dass du nicht nur lernst, dich selbst zu kontrollieren, sondern auch, wie es dir gelingen kann, zu Frieden und Ganzheit zurückzufinden. Du erreichst es nur durch Selbstheilung und dadurch, dass du dich schneller ertappst, wenn du in ein reaktives Verhalten verfällst. Notwendig sind Bewusstheit und der Wunsch, den Heilungsprozess so rasch wie möglich zu beginnen. Lerne diese Prinzipien und gehe deinen Weg der Heilung, denn wenn du es tust, bist du dir selbst treu, gewinnst dein Herz zurück und lernst, ein guter Partner zu sein. Sind das verlockende Aussichten? Dann lies weiter.

Emotionale Reife bringt Partnerschaft und Fluss in dein Leben hinein. Sie missbraucht Emotionen nicht als Waffe, um deine Besonderheit unter Beweis zu stellen oder um dir eine Möglichkeit zu geben, dich gehen zu lassen und deine Beziehungen zu sabotieren, indem sie dafür sorgt, dass alles sich um dich dreht. Emotionale Reife richtet deine Energie auf deine Lebensaufgabe und darauf aus, dich von ganzem Herzen zu geben. Beides erfüllt dich und die Welt mit Freude. Wenn du deine Emotionen auf unwahre Weise benutzt, verkümmern die Gaben, die dir anderenfalls auf ganz natürliche Weise zur Verfügung gestanden hätten, um die Herausforderung zu meistern. Wenn Emotionen in dir hochkommen, dann gibt es etwas, das deine Abwehrmechanismen überwunden und den darunter verborgenen Schmerz ausgelöst hat. Du stehst an einem Scheideweg. Benutzt du den Schmerz, um dein Ego zu verteidigen, oder um Wahrheit zu finden und ein höheres Maß an Erfolg zu verwirklichen? Schmerz entspricht nicht dem Plan, den der Himmel für dich hat. Der Himmel führt dich auf einen Nachhauseweg zum Glück. Alles ist Teil deines Lehrplans. Wenn du jedoch Widerstand leistest, weil du Angst hast, und versuchst, deinen eigenen Weg zu gehen, führt die daraus resultierende Kontrolle dich in einen Konflikt hinein. Der Weg wird schwer, weil du die Gnade des Himmels nicht erkennst, die dir geschenkt wird, damit du den Weg mühelos gehen kannst.

> Vielleicht hast du SEINEN Plan missverstanden, denn ER würde dir niemals Schmerz anbieten. Aber deine Abwehrmechanismen haben dich SEINEN liebenden Segen nicht sehen lassen, der in jedem deiner Schritte leuchtete, den du je getan hast. Während du Todespläne schmiedetest, führte ER dich sanft zum ewigen Leben.
>
> *Ein Kurs in Wundern*, Lektion 135

Emotionale Reife macht dich offen, anziehend und authentisch. Sie ist ein Geschenk an deinen Partner und an die Menschen in deiner Umgebung, und sie fördert ein höheres Maß an Partnerschaft und Fluss. Wenn du die Energie deiner Emotionen richtig einsetzt, verwandeln sic sich in positive Gefühle, die du nutzt, um deine Lebensaufgabe zu erfüllen und deinen Beitrag zum Leben zu leisten. Das höhere Maß an Zentriertheit verstärkt deinen Selbstwert und den goldenen Glanz, den du ausstrahlst. Wenn du deine Emotionen missbrauchst, sperrst du dich gegen die Gnade und die Hilfe, die der Himmel dir auf jedem Schritt deines Weges gewähren möchte. Du lässt nicht zu, dass der Groll, der allen Emotionen anhaftet, deine persönliche Entwicklung lähmt. Emotionale

Reife ist emotionale Integrität. Sie schenkt dir ein höheres Maß an Ganzheit, das es dir ermöglicht, die Fülle des Lebens zu empfangen.

Ohne emotionale Reife und die damit verbundene Partnerschaft wird es dir niemals gelingen, dir selbst treu zu sein. Du stärkst die Macht deines Egos, nicht jedoch die Dinge, die wahre Freude und wahres Glück erschaffen, nämlich Liebe, deine Lebensaufgabe und deine Bestimmung. Dir selbst treu zu sein bedeutet, zu erkennen, dass du nicht das Ego mit seinen Selbstkonzepten bist, die auf Angst, Schmerz, Schuld und Trennung aufgebaut sind. Wünsche dir mehr für dich selbst. Du bist nicht dein Körper, wie das Ego dir weismachen will. Du hast einen Körper, der ein wunderbares Lern- und Kommunikationswerkzeug ist. Wenn du glaubst, dein Körper zu sein, dann bist du in nicht allzu ferner Zeit in einer Abwärtsspirale gefangen, die zum Tod führt, und das stärkt die Macht deines Egos ebenso sehr wie Selbstüberhöhung. Wenn du über das Ego hinausgelangst, entdeckst du dein unbegrenztes geistiges Wesen, das aus Licht und Liebe besteht. Verstricke dich nicht in Probleme, die Phantasiegespinste des Egos, die nur deine Angst davor verbergen, den nächsten Schritt zu gehen. Liebe und Vergebung bewirken, dass ein Selbstkonzept nach dem anderen sich auflöst. Was du zu sein glaubst, tritt in den Hintergrund, und der Himmel tritt stärker hervor. Dein Leben zeigt alles, was du erreicht hast. Es zeigt auch die Hindernisse und Begrenzungen dessen, der du zu sein glaubst. Ist es das, was du willst? Oder willst du die Liebe, das Glück und die Freiheit, die mit emotionaler Reife einhergehen? Welche Richtung schlägst du ein? Was willst du? In was investierst du? Investierst du in die Wahrheit oder lieber in den Schmerz, von dem dein Ego behauptet, dass er die Wahrheit sei? Emotionale Reife schenkt dir den Frieden, der Gesundheit, Fülle, Liebe, Freude und, wenn die letzte Mauer des Egos sich aufgelöst hat, schließlich die Ewigkeit bringt.

Häufige Missverständnisse im Hinblick auf Emotionen

1. Die meisten Menschen fürchten sich vor ihren Emotionen und wissen nicht, wozu sie da sind. Niemand setzt sich gerne emotionalem Schmerz aus, aber wenn du nicht erkennst, welchem Zweck deine Emotionen in Wirklichkeit dienen, dann bemächtigt das Ego sich ihrer und nutzt sie für seine eigenen Zwecke. Das hat jedoch nur ein noch höheres Maß an Trennung und noch größeren Schmerz zur Folge.

2. Die Menschen glauben, dass Emotionen eine äußere Ursache haben: „Sie hat mich verletzt." „Er hat mich wütend gemacht." „Das hat mich traurig gemacht." „Die Arbeit hat mich frustriert." „Ich konnte mir meine Gefühle nicht aussuchen." In Wirklichkeit rühren Emotionen von Gedanken, Werten und Entscheidungen her, die einen Einfluss darauf haben, wie du auf äußere Ereignisse reagierst.

3. Die Menschen glauben, Glück sei auf äußere Umstände zurückzuführen. In gewisser Hinsicht stimmt das natürlich auch, aber die Umstände, die dich glücklich gemacht haben, ändern sich. Die meisten Menschen suchen das Glück ständig außerhalb ihrer selbst, und im Grunde suchen sie damit nach Liebe dort, wo sie nicht zu finden ist. Von Dauer ist nicht das Glück, das von äußeren Umständen abhängt, sondern immer nur das Glück, das von innen heraus kommt. Emotionen entstehen immer dann, wenn äußere Umstände sich ändern.

4. „Mein Partner *hat mich zu lieben*. Dazu ist ein Partner doch da." Die meisten Menschen glauben, dass das, was geschieht, und die Auswirkungen, die es auf sie hat, ihnen das Recht geben, wütend zu werden oder ihren Wutanfall in anderer Form auszuagieren. Damit sagen sie im Grunde:

„Wenn jemand meine Regeln bricht, habe ich das Recht, wütend zu sein. Wer sich nicht an meine Regeln hält, den bestrafe ich." Du forderst von anderen Menschen, deiner Besonderheit zu huldigen, und du erwartest, dass dein Partner und andere Menschen in deiner Umgebung deine Bedürfnisse erfüllen, indem sie sich an deine Regeln halten.

5. „Ich muss Schmerz um jeden Preis aus dem Weg gehen!" Schmerz ist ein Hinweis auf das, was der Heilung bedarf. Ihm aus dem Weg zu gehen ist so, als würdest du einer Giftschlange in deinem Haus aus dem Weg gehen. Das mag kurzfristig eine gute Strategie sein, aber du musst dich trotzdem um sie kümmern, damit du sie nicht eines Nachts zusammengerollt neben dir im Bett entdeckst. Jede Emotion kann dir ein ganzes Muster zeigen, das der Heilung bedarf.

6. „Klagen sind harmlos. Sie sind eine gute Möglichkeit, Dampf abzulassen." Eine Klage ist eine Angriffsform, die erklärt, dass ein anderer Mensch dich glücklich zu machen hat. Sie ist sowohl ein Angriff als auch ein Selbstangriff, der dein Vertrauen schwächt. Eine Klage will die Welt dazu bringen, sich zu ändern. Frieden und Glück kannst du jedoch nur dadurch erlangen, dass *du* dich änderst.

7. „Wenn ich ständig meckere oder mich beschwere, bekomme ich sowohl auf der Arbeit als auch zu Hause viel eher das, was ich will." Wenn du meckerst, um etwas zu bekommen, fühlst du dich seiner nicht würdig, weil du andere Menschen bedrängen und manipulieren musstest, um es zu bekommen. Das kann einen Teufelskreis aus Meckern und mangelndem Selbstwert in Gang setzen.

8. „Es ist natürlich, schlechte Menschen oder Menschen, die schlecht handeln, zu verurteilen." Urteilen heißt, dass du dich selbst zum Opfer dessen machst, was du verurteilst. Du glaubst, dass dein Urteil dich über das stellt, was du verurteilt hast, und dich von ihm abtrennt. Sowohl Urteil als auch Trennung erzeugen Schmerz. Du tust anderen Menschen nichts an, was du dir selbst nicht auch antust. Du urteilst über die Menschen, denen du in Wirklichkeit helfen, denen du vergeben, die du segnen und die du sogar

vor sich selbst retten solltest. Urteilen heißt, die verborgene Schuld zu verstärken, die zu deinem Urteil geführt hat.

9. „Ein Präventivangriff ist gerechtfertigt, um mich selbst zu schützen." Für das Ego ist Angriff eine Lebenseinstellung. Du greifst sogar die Menschen an, die du am meisten liebst. Da Angriff aber nicht vereinzelt ist, greifst du im gleichen Maße auch dich selbst und alle anderen Menschen an. Dadurch entsteht eine Welt, die von Schmerz erfüllt ist. Das Ego benutzt den Kampf, um seine Unentbehrlichkeit unter Beweis zu stellen. Es stärkt seine Macht durch Krieg und Konflikte.

10. „Ich weiß nicht, warum mir schlimme Dinge zustoßen. Vermutlich einfach mieses Karma." Du benutzt das Unterbewusstsein und das Unbewusste, um zu verschleiern, dass du Mitschöpfer deiner Welt bist und dein Leben so ist, wie es ist, weil du es so entschieden hast.

11. „Das Verhalten anderer Menschen verletzt mich oder macht mich wütend. Für ihr Handeln bin ich nicht verantwortlich." Menschen, die dich scheinbar wütend machen oder verletzen, agieren in Wahrheit dein unterbewusstes Drehbuch aus. Es ist unter dem Drehbuch versteckt, dem zufolge sie deinen Wünschen scheinbar zuwidergehandelt haben. Sie sind ein Spiegel deines eigenen gespaltenen Bewusstseins und der verborgenen Selbstkonzepte, die du auf die Menschen in deiner Umgebung projiziert hast. Das Handeln der anderen Menschen ist ein Beweis für deine eigene Besonderheit und dafür, dass du nicht wie sie bist. Du glaubst, dass dein Urteil über sie deine eigene Überlegenheit und Besonderheit beweist.

12. „Was ich sehe und erlebe, ist genau das, was in der Welt geschieht. Ich bin nur passiver Empfänger." Wahrnehmung ist eine Entscheidung, und alles, was geschieht, negative Dinge eingeschlossen, dient einem bestimmten Zweck, von dem du dir eine heimliche Belohnung erhoffst. Frage dich, was du mit einem Ereignis, einer Erfahrung oder einer Wahrnehmung bezwecken willst.

13. „Ich versuche, mich von meinen Emotionen abzulenken. Negative Gefühle müssen um jeden Preis vermieden werden." Ablenkung schiebt die Dinge, mit denen du dich befassen musst, lediglich hinaus. Es ist, als würdest du mit einem undichten Boot in See stechen. Wenn du die Löcher stopfst, ehe du ablegst, kannst du die Reise genießen.

14. „Was in meinem Partner vorgeht, hat mit mir nichts zu tun. Ist er schlecht gelaunt, bin ich so leise wie möglich oder versuche, ihm aus dem Weg zu gehen oder ihn zu ignorieren. Seine Emotionen sind sein Problem." Dieses Verhalten weist auf Unabhängigkeit, Aufopferung oder eine Opferrolle hin. Alles, was in einer Beziehung geschieht, beruht auf heimlicher Absprache, und die Welt spiegelt dein eigenes Bewusstsein.

15. „Ich schlage mich mit den Emotionen und dem Verhalten der Menschen in meiner Umgebung herum. Ich kann sie nicht ändern." Dennoch ist die Welt dein Spiegel, und wenn du deine Denkweise änderst, änderst du das Bild, das du im Spiegel wahrnimmst. Du könntest dich fragen, was du mit dieser Erfahrung bezwecken willst.

16. „Ich kann nur dann verärgert sein, wenn jemand nicht das tut, was ich will." Regeln sind dazu da, gebrochen zu werden. Sie sind Abwehrmechanismen, die Angriff herausfordern und das herbeiführen, was sie verhindern sollten. Wenn du deine Regeln in Prinzipien verwandelst, dann sprichst du mit den Menschen und leidest deutlich weniger.

17. „Ich bin für meine Emotionen nicht verantwortlich. Sie zeigen einfach, wie ich mich fühle." Nur deine eigenen Gedanken können dich verletzen. Deine Verkennung der Ereignisse ruft Schmerz hervor und erzeugt schmerzhafte Gedanken. Wenn du deine Denkweise im Hinblick auf ein Ereignis änderst, können Angst, Verlust, Traurigkeit, Verletzungen, Herzensbruch, Schuld und Groll aufgelöst werden. Emotionen können deshalb geheilt werden, weil sie in letzter Konsequenz unwahr sind.

Lektion 1

Die Macht der Katharsis

Wenn du deine Emotionen loslässt, wirst du geheilt. Deine Gefühle zu fühlen und zum Schmelzen zu bringen ist die einfachste Form von Heilung. Sobald die aufgestaute Emotion vollkommen losgelassen wird, findet ein Neuanfang statt. Bei Krankheit, Verletzungen oder Problemen wirst du durch das Loslassen aller Emotionen, die das jeweilige Ereignis umgeben und es antreiben, zum nächsten Kapitel vorangebracht, von dem es dich abgelenkt hat. Durch das Loslassen von Emotionen verschwindet die Angst vor dem nächsten Schritt, und Erneuerung ist die Folge.

Aufgestaute Emotionen sind die Grundlage aller Probleme. Wenn du deine Emotionen loslässt, statt sie zu verurteilen oder Angst vor ihnen zu haben, erlebst du eine wunderbare Befreiung, die Gefühle der Zärtlichkeit und Ergriffenheit mit sich bringt. Du gewinnst nicht nur dein Herz zurück, sondern erlangst ein neues Maß an Verbundenheit und Verstehen. Unterdrückte oder verdrängte Emotionen halten dich nicht länger zurück. Der Raum, den deine Emotionen eingenommen haben, ist frei für Selbstliebe und für die Fähigkeit zu empfangen. Du setzt deine Emotionen nicht länger als Waffe ein oder benutzt sie, um andere Menschen zu manipulieren. Alle Emotionen loszulassen bedeutet, die mit ihnen verbundenen Bedürfnisse zu heilen, die Schuld aufzulösen, die an jeder aufgestauten Emotion anhaftet, und allen Widerstand zu beenden.

Eine schmerzhafte Emotion loszulassen, sobald sie sich zeigt, bedeutet, die Lektion zu lernen, die sie hervorgerufen hat, um sicherzugehen, dass du künftig gegen ähnliche Fehler immun bist. Eine schmerzhafte Emotion loszulassen, sobald sie sich zeigt, bedeutet, dein Herz zurückzugewinnen und zu öffnen. Es bedeutet, die Befreiung vom Leiden zu nutzen, um Weisheit zu erlangen. Weisheit entsteht nicht durch Leiden, sondern aus der Befreiung von emotionalem Leiden. Leiden, das angehäuft wird, führt zu einer posttraumatischen Belastung. Die Anhäufung von Emotionen trennt dich von dir selbst und anderen Menschen. Sie hält dich in der Dreiheit der Rollen von Unabhängigkeit, Opfer und Aufopferung gefangen, die verhindert, dass du empfangen und dich partnerschaftlich verbinden kannst. Es ist wichtig, die richtige Beziehung zu deinen Emotionen zu finden, damit du sie nicht hysterisch übertreibst und so genau der Emotion aus dem Weg gehst, mit der du dich befassen musst. Auf der anderen Seite ist es aber auch wichtig, deine Emotionen nicht zu dissoziieren, denn Dissoziation schneidet dich von ihnen ab und versteckt sie in dir, so als ob du mit ihnen abgeschlossen hättest. Alle diese Abwehrmechanismen stehen Leichtigkeit, Partnerschaft, Authentizität und dem Empfangen im Weg. Dann bist du weder frei noch dir selber treu. Die Schönheit der Katharsis besteht darin, dass sie deine weibliche Seite erneuert und erfrischt, sodass du dich als umso liebenswerter empfindest, je mehr du deine Emotionen loslässt. Wenn deine Bedürfnisse durch Loslassen erfüllt werden, kannst du dich selbst paradoxerweise in immer höherem Maße schenken. Auch das lässt Liebe und Glück wachsen.

Wenn der Schmerz, den du fühlst, übermächtig stark wird, neigst du dazu, die Verbindung nach oben oder nach unten zu trennen, um zu dissoziieren und zu verhindern, dass dich der Schmerz überwältigt.

Wenn du die Verbindung nach unten trennst, erlangst du ein vermeintlich höheres Maß an Spiritualität, das aber mit einer mehr oder minder verborgenen Haltung der Überlegenheit und sogar der Arroganz einhergeht. Du glaubst, über dem „gemeinen Volk" zu stehen, und willst dich nicht dazu herablassen, in den Schmerz der Welt oder in ihre Käuflichkeit einzutauchen, weil dies den Schmerz aufbrechen ließe, von dem du dich selbst abgeschnitten hast. Es ist der dunkelste Aspekt der Trennung nach unten, weil Menschen, die so handeln, nahezu immer den Eindruck vermitteln, über ein hohes Maß an Einfühlsamkeit und Spiritualität zu verfügen.

Andere Menschen trennen die Verbindung nach oben. Sie schneiden die höheren Chakras ab und stürzen sich in den Schmerz der Welt. Solche Menschen sind häufig derb und stellen ihre Sexualität in den Vordergrund. Sie können auch schmierig oder obszön sein, wenn sie versuchen, ihren Schmerz durch Gier oder sexuelle Unersättlichkeit zu lindern. Ein positiver Aspekt ist, dass Menschen, die sich nach oben trennen, oft im Bereich der Strafverfolgung oder in Heilberufen arbeiten, um auf diese Weise mit ihrem Leiden umzugehen. Sie arbeiten häufig hart, laufen aber auch Gefahr, von dem extrem hohen Maß an Kriminalität und Schmerz, mit dem sie es zu tun haben, regelrecht erdrückt zu werden. Gefährlich wird es dann, wenn sie emotional ausbrennen oder das Gefühl haben, dass der Schmerz, der sie umgibt, sie überfordert. Wenn sie den höheren Sphären und Chakras nahekommen, von denen sie sich selbst abgeschnitten haben, fühlen sie sich dessen beraubt, was sie verloren haben. Möglicherweise scheuen sie auch vor dem Schmerz zurück und würden diesen Aspekt daher lieber dissoziieren. Sie haben vielleicht das Gefühl, die höheren Sphären seien nicht für sie bestimmt, obwohl sie den Grund dafür nicht benennen können.

Menschen, die diese Derbheit nicht besitzen, haben die Verbindung nach unten getrennt und reagieren extrem empfindlich auf Schmerzen und Stress. Sie sind oftmals rasch überfordert oder überarbeitet, während Menschen, die ihre Verbindung nach oben gekappt haben, manchmal ein gewaltiges Arbeitspensum bewältigen und regelrecht durch den Schmerz hindurchpflügen können. Die Kluft zwischen diesen beiden grundlegenden Aspekten ist eines der Hauptwerkzeuge, die das Ego benutzt, um seine Macht auszubauen, weil das Ego von Trennung herrührt.

Fast alle Menschen trennen die Verbindung – oft auch mehrfach – sowohl nach oben als auch nach unten. Wenn dies zu häufig oder zu intensiv geschieht, kann Schizophrenie die Folge sein. Meist hat diese Trennung jedoch nur zur Folge, dass wir dissoziieren.

Wenn in einer Beziehung ein Partner die Verbindung nach oben abschneidet, kappt der andere Partner in der Regel die Verbindung nach unten. Dies lässt ein hohes Maß an Schmerz zwischen beiden entstehen. Wenn du dich mit deinem Partner verbindest, indem du den Schmerz zwischen euch fühlst, dich regelrecht in ihn hineinfallen lässt und hindurchgehst, während du dir ins Gedächtnis rufst, wer an deiner Seite geht, dann erlebt die Beziehung eine Wiedergeburt, und ein hohes Maß an posttraumatischer Belastung wird losgelassen. Ein neues Maß an Erfolg und Nähe stellt sich ein. Aufgrund des hohen Maßes an Schmerz, das durch die Trennung nach oben und unten entsteht, erfordert es Mut, dich mit deinem Partner zu verbinden, aber die daraus hervorgehende Erneuerung besitzt große Macht. Jedes Mal, wenn ihr euch verbindet, um diese Gegensätze zu vereinen, entstehen neue Ganzheit, Effektivität und Macht. Allein die tiefe Liebe zu einem Partner, der sich in entgegengesetzter Weise getrennt hat, führt dich durch den Schmerz hindurch, um dich immer wieder mit ihm zu verbinden und dich selbst dabei wiederzufinden.

Finde heraus, ob du dazu neigst, dich entweder nach oben oder nach unten zu trennen. Was tut dein Partner? Wenn ihr euch in unterschiedliche Richtungen trennt, kann daraus ein Urteil entstehen, das ihr über den jeweils anderen fällt, solange es euch nicht gelingt, die komplementäre Wesensnatur eurer Beziehung wertzuschätzen, oder bis ihr euch schließlich vollständig verbindet und damit eins werdet. Wenn du dich vor dem Schmerz zwischen euch nicht fürchtest, sondern deinen Partner schätzt und mehr liebst als den Schmerz, und wenn du erkennst, dass er deine Hilfe braucht, dann gehst du in den Schmerz hinein, bis du dich von Herz zu Herz mit ihm verbinden kannst.

Wenn du dich mit dir selbst verbindest, weil du keinen Partner hast, kannst du dich der Seite verpflichten, von der du gegenwärtig abgeschnitten bist, und dich in den Schmerz hineinfallen lassen, bis beide Seiten sich zu neuer Ganzheit vereinen. Verpflichte dich diesem Anteil deiner selbst immer wieder neu, bis du fühlst, dass du in höherem Maße ins Gleichgewicht gelangst und sich ein neues Maß an Integration zwischen diesen beiden Aspekten deiner selbst einstellt. Bitte darum, dass Liebe an die Stelle der Spaltung in deinem Bewusstsein treten möge. Dies hat eine positive Auswirkung auf deine Fähigkeit, dich partnerschaftlich zu verbinden, ermöglicht ein höheres Maß an Leichtigkeit, lässt dich empfangen und bringt deine Beziehung zu einem neuen Kapitel voran.

Fürchte dich heute nicht vor dem Schmerz, den du als Mauer zwischen dir selbst und dem Leben in dir trägst. Bitte um die Hilfe des Himmels, tauche in den Schmerz ein und gehe durch ihn hindurch. Tue es in Liebe zu deinem Partner, dir selbst und den Menschen, die dir nahestehen.

Lektion 2

Schuld zu empfinden heißt, die Menschen zu bestrafen, die du liebst

Schuld zu empfinden heißt, die Menschen zu bestrafen, die du liebst. Wenn du dich schuldig fühlst, bestrafst du dich automatisch selbst. Dein Angriff und der von der Schuld herrührende Rückzug wirken sich nicht nur auf dich aus, sondern auf alle Menschen, die du liebst. Dein Bewusstsein ist mit dem Bewusstsein aller Menschen verbunden, und das gilt in ganz besonderem Maße für die Menschen, die dir nahestehen. Da Angriff nicht vereinzelt ist, wird der Angriff auf dich selbst zum Angriff auf die Menschen, die du liebst. Die Menschen, die du liebst, können es nicht ertragen, dass jemand, den sie lieben, sich selbst angreift. Es schmerzt sie, und sie nehmen es selbst als Angriff wahr. In *Ein Kurs in Wundern* heißt es: „Du kannst dich nicht alleine kreuzigen."

Um die Menschen, die du liebst, vor Leid zu schützen, musst du also deine Unschuld annehmen. Wenn du dich als unschuldig wahrnimmst, dann nimmst du auch die Menschen in deiner Umgebung als unschuldig wahr. Wenn du dagegen glaubst, verdammenswert zu sein, dann glaubst du, dass die anderen Menschen ebenfalls Strafe und Verdammung verdient haben.

Unschuld ist Freiheit. Dich für den Weg der Unschuld zu entscheiden heißt, dich deiner eigenen Freiheit und der Freiheit der Menschen in deiner Umgebung zu verpflichten. Verpflichte dich deiner eigenen, vollkommenen Unschuld und der vollkommenen Unschuld der gesamten Menschheit.

Lektion 3

Schuld zu empfinden heißt, dich selbst zu bestrafen

Schuld zu empfinden heißt, dich selbst zu bestrafen. Dich schuldig zu fühlen heißt zu glauben, dass du auf irgendeine Weise versagt hast. Mit diesem Gefühl kann kaum jemand leben. Es hat zur Folge, dass du einen großen Teil der Schuld, die du vermeintlich angehäuft hast, verdrängst. Anschließend projizierst du sie auf andere Menschen und die Welt, was dich aber nicht von ihr befreit. Du trägst sie nach wie vor in dir. Du leugnest einfach, dass sie da ist. In Wirklichkeit ist es gleichgültig, ob du deine Schuld verbirgst oder dir ihrer völlig bewusst bist, denn Selbstbestrafung hat sie auf jeden Fall zur Folge.

Wenn du das Gefühl hast, dich selbst und die Menschen, die du liebst, im Stich gelassen zu haben, dann glaubst du, dich selbst dafür angreifen zu müssen, um deine Schuld zu lindern. Der Schmerz, der mit Selbstangriff einhergeht, lenkt dich zwar ab, beseitigt aber nicht die Schuld. Tatsächlich sorgt Selbstangriff dafür, dass du dich schlecht fühlst, und dieses Unwohlsein ist ein Zeichen von Schuld. Das schlechte Gefühl, das der Selbstangriff erzeugt, ruft also nur weitere Schuld und weiteren Selbstangriff hervor. Schuld erzeugt einen eigenen Teufelskreis, der in einer dauernden Abwärtsspirale immer stärkere Versagensgefühle hervorruft. Schuld ist eine entsetzliche Illusion, die das Leiden in der Welt in hohem Maße verstärkt. Außerdem betreffen ihre Auswirkungen nicht nur dich selbst, denn du ziehst dich von den Menschen zurück, die du liebst, und du urteilst über andere Menschen, weil du glaubst, dass sie ebenfalls Strafe verdient haben. Strafe trägt nicht dazu bei, dass du die Lektion lernst. Das Gegenteil ist der Fall – sie verstärkt den Fehler.

Um die Lektion zu lernen und den Fehler zu berichtigen, musst du dich den Prinzipien zuwenden, die dich von Schuld befreien. Dazu gehören beispielsweise Vergebung, Unschuld und Liebe. Alle diese Dinge bringen das Mitgefühl und die Sühne mit sich, die den Fehler berichtigen und ein höheres Maß an Verbundenheit entstehen lassen.

Übe heute Vergebung bei allem, was dich ärgert. Tue es um der Wahrheit willen, um der Menschen willen, die du liebst, um des Himmels willen und auch um deinetwillen. Vergib anderen Menschen und dir selbst. Stelle dir jede Stunde die Frage, wem du vergeben sollst. Vergib dem betreffenden Menschen, dir selbst und Gott. Kehre in Gedanken zu jedem schmerzhaften Ereignis zurück, das dir im Leben zugestoßen ist. Vergib dir selbst dafür, dass du es geplant hast, um dich zu bestrafen. Vergib dem Ereignis selbst. Vergib den Menschen, die du als Werkzeug für deine Selbstbestrafung benutzt hast, und vergib auch dem Himmel, denn alles, was du einem anderen Menschen vorwirfst, machst du auch dem Himmel zum Vorwurf.

Es ist an der Zeit, zu deiner eigenen Befreiung
und zur Befreiung der Welt beizutragen.

Vergebung ist eine praktische Form der Liebe.

Lektion 4

Deine Emotionen stehen dem, was du willst, im Weg

Deine Emotionen stehen dem, was du willst, im Weg. Emotionen nehmen in deinem Herzen und deinem Geist den Raum ein, in dem du sonst Liebe, Fülle, Anerkennung und Gesundheit empfangen würdest.

Dir dieser Emotionen bewusst zu werden und sie loszulassen sind Schlüssel, mit denen du die Tür zum Empfangen wieder öffnen kannst. Richte deine Absicht darauf aus, alles zu erkennen, was deinem Erfolg in all diesen Bereichen im Weg steht. Konzentriere dich jeweils auf nur einen Bereich, wie etwa deine Beziehung oder deine Gesundheit. Verpflichte dich, die Emotionen zu erkennen, die deinem Erfolg in diesem Bereich im Weg stehen. Wenn beängstigende Emotionen in dir hochkommen, ist es wichtig, daran zu denken, dass du um sie gebeten hast. Da Emotionen eine Entscheidung sind und nicht von äußeren Umständen festgelegt werden, ist es besser, sie zu erkennen und loszulassen, statt ihnen zu erlauben, an dir zu nagen und den Raum in deinem Herzen einzunehmen, der Liebe und Zuversicht vorbehalten war.

Wenn du nicht zu den Menschen gehörst, die jede Emotion fühlen und durch sie hindurchgehen müssen, um vollkommene Klarheit und inneren Frieden zu erlangen, kannst du dich auch anderer Methoden bedienen, von denen ich hier nachstehend einige vorstellen möchte.

Eine Möglichkeit besteht darin, dir einfach vorzustellen, dass Gnade dich durchströmt und die Emotion fortwäscht.

Eine zweite Möglichkeit, die ich zurzeit sehr gerne anwende, besteht darin, dir vorzustellen, dass du alle Emotionen, die du wahrnimmst, zum Handelsposten des Himmels bringst. Er hat sieben Tage in der Woche rund um die Uhr geöffnet und nimmt die Illusionen und den Schmerz in Zahlung, die du an dem Ort in dir trägst, der Frieden und Erfolg vorbehalten war.

Eine weitere Möglichkeit besteht darin, dir selbst und jeder Emotion sowie allen Menschen zu vergeben, die dir in Zusammenhang mit der Emotion in den Sinn kommen, bis du einen Zustand inneren Friedens erreicht hast.

Eine vierte Möglichkeit besteht in der Erkenntnis, dass jede Emotion dich in der Vergangenheit festhält und somit dafür sorgt, dass du in der Gegenwart nicht empfangen kannst. Wenn du dich dem nächsten Schritt verpflichtest, kannst du mit einem Satz über diese Emotionen hinwegspringen. Sobald du an ihnen vorbeigelangt bist, ist auch die Schutzvorrichtung fort, die sie für das Ego waren, und die Emotionen werden auf natürliche Weise neu integriert.

Eine fünfte und letzte Möglichkeit besteht darin, dir vorzustellen, dass jede Emotion schmilzt, bis nur noch ihre reine Energie übrig ist, die du dann mit deinem höheren Bewusstsein integrierst.

Mit Hilfe dieser Methoden kannst du Emotionen loslassen, die verhindern, dass du empfängst. Anders als dein Ego, das seine Macht durch Schmerz festigt, wollen sowohl der Himmel als auch dein wahrer Wille, dass dir alle guten Dinge zuteilwerden.

Lektion 5

Es ist wichtig, dir deiner Emotionen bewusst zu sein

Es ist wichtig, dir deiner Emotionen bewusst zu sein. Deine Emotionen sind die Strudel und Sandbänke im Fluss des Lebens. Wenn du nichts über sie weißt, kann es passieren, dass du fortgerissen wirst oder steckenbleibst. Es gibt jedoch auch Menschen, die sich nie in den Fluss hineinwagen, ganz gleich, wie heiß es wird. Da deine Emotionen dein Verhalten entscheidend bestimmen, prägen sie dein ganzes Leben. Wenn du dir deiner Emotionen nicht bewusst bist, weißt du auch nicht, wo im hohen Gras die Krokodile lauern, um im passenden Moment über dich herzufallen.

Es ist wichtig zu wissen, dass du Emotionen in dir trägst, die unter Leugnung und Dissoziation verborgen liegen. Zu jeder dieser Emotionen gehört außerdem eine Kammer, die Schuld und Angst enthält. Um in jedem Bereich deines Lebens glücklich und erfolgreich zu sein, ist es von entscheidender Bedeutung, dass du dir dieser mit Emotionen gefüllten Kammern bewusst wirst, um jeden dunklen Ort in deinem Bewusstsein zu entrümpeln. Was nicht geklärt wird, zieht ähnlich negative Ereignisse und Probleme an.

Das Maß deiner Unabhängigkeit – einer Form von Dissoziation – entspricht dem verborgenen Maß an Abhängigkeit, Schmerz, Bedürftigkeit, Angst, Schuld, Aufopferung und Opferhaltung, das du in dir trägst. Deine Unabhängigkeit ist nur eine Kompensation für diese Dinge. Bis du die höchsten Stadien der Erleuchtung erreicht hast, heilst du Kammern, die mit Emotionen aus unterbewussten und unbewussten Ebenen gefüllt sind. Diese Emotionen liegen an der Wurzel deiner Probleme. Deshalb ist es sehr hilfreich, wenn du sie heilst, ehe sie zu Problemen heranwachsen. Dir deiner Emotionen bewusst zu werden und sie loszulassen, ehe sie sich zu gesundheitlichen, finanziellen oder Beziehungsproblemen entwickeln, verhindert so manches böse Erwachen. Handle vorausschauend, wenn es darum geht, dir deiner Emotionen bewusst zu werden und sie zu heilen. Es erspart dir viel Schmerz und die Schwierigkeiten, die damit verbunden sind, den steinigen Weg zu gehen.

Lektion 6

In jeder leidvollen Situation gibt es etwas, das du geben kannst, um sie positiv zu verändern

In jeder leidvollen Situation gibt es etwas, das du geben kannst, um sie in eine positive Richtung zu verändern. Ein erster Schritt kann darin bestehen, dass du dich fragst, was du geben und wem du es geben kannst. Ich habe festgestellt, dass wir in jeder Situation eine Gabe besitzen, mit der diese Situation bereinigt werden kann. Du kannst die Tür in deinem Geist öffnen, hinter der sich die Gabe verbirgt, und sie für jedes Problem, das du hast, und für jede Situation, in der du dich befindest, empfangen. Fast immer handelt es sich dabei um eine mächtige Seelengabe, die nur darauf wartet, dass dieses Problem dich dazu motiviert, sie dir zu erschließen.

Es gibt einige allgemeine Gaben, um eine Situation positiv zu verändern, die möglicherweise gerade in deiner Situation hilfreich sind. Alle Probleme rühren von Angst her. Das Problem hält dich auf und lenkt dich ab, damit du dich deiner Angst nicht stellen musst. Liebe heilt Angst. Liebe ist das Gegenteil von Angst. Sie löst die Erstarrung, die mit Angst einhergeht. Vergebung heilt Angst. Vergebung gibt das hin, was gebraucht wird, um die Angst vor Unzulänglichkeit zu heilen, die dich daran hindert, den nächsten Schritt zu gehen. Sie befreit dich von der Lähmung der Angst. Frieden heilt Angst, weil Angst ein Mangel an Harmonie ist und Frieden die Illusion auflöst, die sie nährt. Vertrauen heilt Angst und gibt dir deine Zuversicht zurück. Die Kraft deines Geistes muss in eine Richtung gelenkt werden. Du investierst sie entweder in Sorgen und Angst oder aber in Vertrauen. Vertrauen heißt, die Kraft deines

Geistes auf einen positiven Ausgang zu richten. Angst heißt, die Kraft deines Geistes auf eine dunkle Phantasievorstellung und eine Illusion auszurichten, die für dich selbst jedoch wahr werden kann, wenn du unaufhörlich in sie investierst. Die Verpflichtung, dich rückhaltlos zu geben, heilt Angst, denn sie stellt die Verbundenheit wieder her und lässt der Angst keinen Raum.

Was könntest du energetisch einbringen, um das Problem zu heilen? Wenn es sich um eine problematische Situation oder ein chronisches Problem handelt, musst du unter Umständen jeden Tag etwas geben, weil mehrere Beziehungen aus Vergangenheit und Gegenwart daran beteiligt sein können, die der Heilung bedürfen. Du kannst deine Gaben in diese Beziehungen einbringen und so einen neuen Fluss erzeugen, der die Situation voranbringt.

Lektion 7

Angst ist immer eine Angst vor Unzulänglichkeit

Angst ist immer eine Angst vor Unzulänglichkeit. Wenn du Angst hast, dann fürchtest du, dass du nicht das Zeug dazu hast, den nächsten Schritt zu schaffen. Sowohl Angst als auch Unzulänglichkeit rühren vom Verlust der Verbundenheit her. Weil du dich unzulänglich fühlst, glaubst du, etwas außerhalb deiner selbst zu brauchen, das dir Stärke verleiht. Du hast Angst, dass du es nicht schaffst. Mit dem Verlust der Verbundenheit trennst du die Verbindung zu dir selbst, anderen Menschen und dem Himmel. Dann suchst du außerhalb deiner selbst nach dem, was du schon immer in dir getragen hast, fürchtest aber, es nicht zu bekommen, weil du nicht gut genug bist. Wäre dein Bewusstsein nicht gespalten zwischen deinem Wunsch nach dem, was du willst, und deinem Wunsch, deinen eigenen Weg zu gehen, den du mit dem wahren Weg verwechselt hast, dann würde alles, was du dir wünschst, dir mühelos, auf natürliche Weise und schnell zufallen. Es gäbe kein gespaltenes Bewusstsein und keinen Konflikt zwischen deinem Ziel und deinem heimlichen Wunsch nach Unabhängigkeit. Dein gespaltenes Bewusstsein verhindert nahezu völlig, dass du empfangen kannst, weil du zwei verschiedene Dinge willst, und das, was du hast, zeigt dir, welcher deiner Wünsche größer ist. Die Gefühle der Unzulänglichkeit sind die Versicherung, die das Ego benutzt, um die Trennung aufrechtzuerhalten.

Angst zu heilen heißt, dich dem zu stellen, was dir Angst macht. Heilung ist die feste Absicht, ungeachtet der Angst den nächsten Schritt im Leben zu gehen. Wenn du dich unzulänglich fühlst, glaubst du jedoch, diesen Schritt nicht ohne Hilfe gehen zu können. Du schreckst vor dem Leben zurück und verlierst deine Bereitwilligkeit, weil du glaubst, dem, was auf dich zukommt, nicht gewachsen zu sein. Angst vor Unzulänglichkeit hat sehr oft zur Folge, dass du kompensierst, was dazu führt, dass du zu hart arbeitest, dich zu sehr bemühst oder dich zu sehr antreibst. Kompensationen sind jedoch ebenso unwirksam wie der Versuch, dich dem Leben zu entziehen.

Du könntest deine Angst loslassen. Du könntest dich wieder mit dir selbst und dem Himmel verbinden, was zur Folge hätte, dass du dich auch wieder neu mit den Menschen in deiner Umgebung verbindest. Du könntest deine Angst und Unzulänglichkeit zusammen mit den Abwehrmechanismen und Kompensationen integrieren, die du benutzt, um diese Dinge zu verbergen, indem du dich dafür entscheidest, sie deinem höheren Bewusstsein zu übergeben, das die Integration für dich vollbringt. Dies lässt neue Zuversicht und neue Ganzheit entstehen. Es bewirkt neue Bereitschaft und neuen Fluss. Es erzeugt eine neue Verbundenheit mit dir selbst, anderen Menschen und Gott.

Lektion 8

Deine Strategie des Bekommenwollens schadet dir selbst

Deine Strategie des Bekommenwollens schadet dir selbst, und das tut sie auf vielfache Weise. Zunächst einmal gefällt es niemandem, wenn man von ihm nimmt. Wenn du nimmst, erzeugst du Widerstand bei den Menschen in deiner Umgebung. Je mehr du zu nehmen versuchst, umso größer wird ihr Widerstand, und sie rücken von dir ab.

Bekommen und Nehmen sind Mittel, die das Ego einsetzt, um auf die Angst, den Schmerz, die Schuld und das gespaltene Bewusstsein zu reagieren, die durch den Verlust der Verbundenheit entstehen. Das Ego dissoziiert den Schmerz, die Schuld und die Angst, nimmt sie dir aber nicht wirklich, weil es diese Emotionen benutzt, um seine eigene Position zu stärken. Aufgrund der Tatsache, dass dein Bewusstsein gespalten ist, willst du das, was du willst, willst es gleichzeitig aber auch nicht, weil du der dissoziierten Unabhängigkeit, die das Ego dir bietet, den Vorzug gibst.

Außerdem vergrößerst du dadurch, dass du zu bekommen und zu nehmen versuchst, deine Angst, jemand anderer könne versuchen, von dir zu bekommen oder zu nehmen. Das Maß, in dem du selbst bekommst und nimmst, entspricht dem Maß, in dem du anfällig dafür wirst, dass andere Menschen von dir nehmen. Hinzu kommt, dass Bekommen und Nehmen zur Folge haben, dass du Schuld aufbaust und dich irgendwann dafür bestrafst. Alle diese Strategien sind leidvoll und schaden dir nur selbst. Würdest du deine Verbundenheit wiederherstellen, könntest du einfach empfangen, anstatt nehmen zu wollen. Würdest du geben, statt zu nehmen, würdest du auf natürliche Weise empfangen. Wenn du nimmst, fühlst du dich der Dinge, die du bekommst, nicht würdig, und mit wachsender Unwürdigkeit stößt du alle guten Dinge von dir fort.

Nehmen und Bekommen verstärken den häufigen Irrtum, der dich glauben lässt, dass etwas außerhalb deiner selbst dich retten oder glücklich machen kann. Dies ist eine der Hauptursachen sowohl für emotionale Unreife als auch für Leid und Schmerz.

Was du gibst, das empfängst du. Was du zu nehmen versuchst, das verlierst du. Die Entscheidung liegt bei dir. Ein Weg bringt Machtkampf und Herzensbruch mit sich, der andere Liebe und Erfüllung.

Lektion 9

Emotionale Erstarrung rührt von einer Vergangenheit her, über die du nicht hinweggekommen bist

Emotionale Erstarrung rührt von einer Vergangenheit her, über die du nicht hinweggekommen bist. Ein schmerzhaftes Ereignis hat dazu geführt, dass ein Teil deiner selbst gelähmt ist, nicht erwachsen wird und sich nicht weiterentwickelt. Das hat zur Folge, dass verwundete Kinder am Steuer deines Lebensfahrzeuges sitzen. Die Menschen auf dem Bürgersteig tun gut daran, die Augen aufzuhalten, denn an diesen Orten handelst du nicht einfühlsam, sondern reaktiv, und wenn du zu viele solcher Orte in dir trägst, entwickelst du dich zu einem Tyrannen, hast Angst, wirst neurotisch und willst andere Menschen kontrollieren. Die erstarrten Anteile deiner selbst sind innere Programme, die dafür sorgen, dass dir weitere Herzensbrüche und Niederlagen ins Haus stehen. An jedem dieser Orte ist dein Bewusstsein gespalten. Es ist, als seien die Verbindungsdrähte in deinem Herzen, deinem Geist und deinem Körper durchtrennt worden. Dies kann zu Krankheit, Energiemangel und einer depressiven Lebenseinstellung führen. Überall dort, wo du ein Problem hast, trägst du ein erstarrtes Selbst in dir.

Die gute Nachricht lautet, dass diese verwundeten, gelähmten Selbstanteile ganz mühelos geheilt werden können. Denke an ein bestimmtes Problem. Frage dich, wie alt das verwundete Selbst oder die verwundeten Selbstanteile sind, die an der Wurzel dieses Problems liegen. Nimm dann die gelähmten Selbstanteile in dir wahr und lasse Liebe in sie einströmen. Stelle dir vor, dass du sie in den Armen hältst und tröstest. Wenn sie mit Liebe erfüllt werden, wachsen sie heran, bis sie dein gegenwärtiges Alter erreicht haben. Dann verschmelzen sie wieder mit dir, und auch die Drähte in deinem Herzen, deinem Geist und deinem Körper werden neu verbunden.

Führe diese Übung nun mit dem größten traumatischen Erlebnis durch, das dir im Leben jemals zugestoßen ist. Frage dich, welche Wirkung die verwundeten inneren Selbstanteile auf dich gehabt haben. Liebe dich selbst, bis du vollkommen geheilt und wieder glücklich bist. Diese wunderbare Übung kannst du bei Bedarf jederzeit durchführen.

Lektion 10

Eine Erwartung fordert genau das, was du nicht gibst

Eine Erwartung fordert genau das, was du nicht gibst. Anderenfalls würdest du es niemals fordern, sondern einfach darum bitten. Wenn du einen anderen Menschen darum bittest, etwas zu tun, ist die Wahrscheinlichkeit groß, dass deine Bitte erfüllt wird. Erwartungen oder Forderungen, die du an andere Menschen richtest, werden dagegen meist nicht erfüllt, und falls doch, geschieht es nicht freiwillig, sondern unter Zwang und wird als Aufopferung empfunden, die keine Befriedigung bringt.

Etwas, das du dir selbst gibst, erwartest du nicht von anderen Menschen. Wenn du es anderen Menschen gibst, bist du selbst zufrieden und brauchst keine Forderungen. Wenn du etwas von anderen Menschen erwartest oder forderst, hast du deine Integrität verloren. Dein Bewusstsein ist gespalten, weil du aus der Verbundenheit ausgebrochen bist. Du fürchtest, dein Bedürfnis, das vom Verlust deiner Verbundenheit herrührt, könnte nicht erfüllt werden. Die Kehrseite des gespaltenen Bewusstseins lässt dich andererseits fürchten, dein Bedürfnis könnte erfüllt und deine Verbundenheit wiederhergestellt werden. Das hätte zur Folge, dass du deine Unabhängigkeit verlierst. Infolgedessen sorgst du mit deinem meist unterbewusst geplanten Handeln dafür, dass es dem betreffenden Menschen gar nicht gelingen kann, dir aus freien Stücken zu geben, was du von ihm erwartest. Du hast deine Integrität verloren und handelst dir selbst und deinem ureigenen Interesse zuwider.

Es ist unwahr und spiegelt einen Mangel an Integrität wider, von anderen Menschen zu erwarten, was du selbst nicht gibst. Wenn du das, was du forderst, selbst besitzt, bist du frei, und es erscheint dir weniger wichtig, ob jemand deine Wünsche erfüllt oder nicht.

Wenn du deine Erwartungen und Forderungen loslässt, sind sie keine große Sache mehr, und ohne das von ihnen ausgehende Gefühl der Dringlichkeit ist es weitaus wahrscheinlicher, dass deine Wünsche erfüllt werden. Werden sie nicht erfüllt, ist es keine große Sache, während Erwartungen immer eine große Sache sind.

Erfolg rührt daher, dass du sowohl deine Erwartungen und Forderungen als auch die Bedürfnisse loslässt, die sie antreiben. Erfolg rührt daher, dass du dir selbst und anderen Menschen gibst. Dann gibt es keine Forderungen. Dann kannst du empfangen, denn die Spaltung deines Bewusstseins, die sich als Anhaftung zeigt, ist geheilt.

Lektion 11

Angst ist immer eine Angst vor Verlust

Angst ist immer eine Angst vor Verlust. Wenn du Angst hast, dann fürchtest du, etwas zu verlieren. Sowohl Angst als auch Verlust entstehen, wenn du deine Verbundenheit verlierst. Der Teufelskreis, den sie in Gang setzen, wird erst durch die Wiederherstellung der Verbundenheit geheilt. Nach den Verlusten, die du in der Vergangenheit erlitten hast, fürchtest du dich vor Verlusten in der Zukunft, und genau das ist Angst: die Furcht, dass die Zukunft der Vergangenheit gleichen könnte. Sie wird erst dann transformiert, wenn du den Mut hast, sowohl deine Vergangenheit als auch deine Zukunft loszulassen. Dann bist du für die Gegenwart und die Möglichkeit eines Neuanfangs offen.

Immer dann, wenn du dich für die Trennung entschieden hast, hast du dich auch für den Verlust entschieden und warst bereit, ihn hinzunehmen, um deine Unabhängigkeit zu bewahren. Wenn du eine derartige Entscheidung triffst – eine Entscheidung, die du sogar vor dir selbst verbirgst –, dann unterschätzt du häufig die Auswirkungen, die Schmerz, Einsamkeit und Verlust auf dein Leben haben. Trotz der Dissoziation des Egos trägst du nicht nur Schmerz, Angst und Verlust, sondern auch ein Opfermuster in dir. Im Hinblick auf deinen Plan, um den Preis des Verlustes willen unabhängig zu sein, belügst du dich selbst und gibst Gott, dem Leben oder einem anderen Menschen die Schuld daran. Dir dessen bewusst zu werden gibt dir deine Macht zurück und verhindert, dass du denselben Fehler noch einmal machst. Wenn es dir an Bewusstheit mangelt und du dich selbst und andere Menschen für deinen Fehler angreifst, dann bist du in der Leugnung und der destruktiven Rolle des Opfers gefangen.

Das Loslassen des Verlustes und der Anhaftungen, die eine Kompensation für den Verlust sein sollen, erzeugt ein Gegenmittel gegen die Angst. Du bist von allen äußeren Dingen abhängig, an denen du anhaftest, und diese Abhängigkeit birgt Angst vor Verlust. Anhaftungen loszulassen heißt, Opfermuster abzulegen und die Verbundenheit zu stärken. Anhaftungen gehen immer Hand in Hand mit Abhängigkeit und Angst. Alle Dinge, an denen du anhaftest, werden dadurch in Gefahr gebracht.

Das Gesetz der Anziehung wirkt so, dass deine Angst, etwas zu verlieren, den Verlust tatsächlich anzieht und vorprogrammiert. Glücklicherweise gibt es andere positive Einflüsse, die das, wovor du Angst hast, in Schach halten können, aber die beste Wahl besteht darin, Anhaftungen loszulassen, bis Verbundenheit und Liebe ohne Bedürfnisse möglich sind.

Wenn ich mich zu Hause auf eine berufliche Reise vorbereitete, erkannte ich meine Anhaftung immer an der Traurigkeit, die sich kurz vor meiner Abreise einstellte. Ich übte mich im Loslassen, indem ich meine Frau und meine Kinder in Gottes Hände legte. Sobald ich sie losließ, hatte ich paradoxerweise das Gefühl, dass sie in Sicherheit waren, und ich konnte meine Reise mit einem Gefühl der Zentriertheit antreten.

Deine Angst ist eine Illusion. Sie ist eine Phantasievorstellung davon, dass ein negatives Ereignis eintritt und dass du dann etwas verlierst, das dir wertvoll ist.

Es ist an der Zeit, deine Illusionen und Phantasievorstellungen loszulassen. Es ist an der Zeit, deine Zweifel und Sorgen loszulassen. Angst greift das Leben an, und sie greift dich an. Wenn Angst in dir hochkommt, frage dich stattdessen, wem du in Liebe dein Herz öffnen sollst. Dieses Hinausreichen zu einem anderen Menschen in Liebe stellt deine Verbundenheit wieder her, zerstreut deine Angst und gibt dir Zuversicht. Falls noch mehr Angst hochkommt, kannst du die Übung ganz einfach wiederholen.

Erkenne, dass Angst, die eine Angst vor Verlust ist, zu den Kerndynamiken jedes Problems gehört, das du hast. Frage dich also bei jedem Problem, was du zu verlieren fürchtest, wenn das Problem gelöst würde und du den nächsten Schritt gehen könntest. Wenn du das, was du zu verlieren fürchtest, loslässt, kannst du den nächsten Schritt ohne Angst vor Verlust gehen. Wenn du einem Menschen hilfst, der deine Liebe braucht, wirst du auf ähnliche Weise vorangebracht, und deine Hilfe zerstreut die Angst.

Lektion 12

Angst und Unzulänglichkeit nähren sich gegenseitig

Angst und Unzulänglichkeit nähren sich gegenseitig. Sie bilden einen eigenen Teufelskreis. Angst ist immer mit Gefühlen der Unzulänglichkeit verbunden, und beide verstärken einander in einer Abwärtsspirale, die an einen Ort führt, an dem du dich selbst herabsetzt und lähmst. Je mehr deine Angst und deine Schwäche zunehmen, umso unzulänglicher fühlst du dich und umso wahrscheinlicher wird es, dass du andere Menschen angreifst.

Sowohl Angst als auch Unzulänglichkeit haben ihren Ursprung im Verlust der Verbundenheit, und sie führen dazu, dass wir anderen Menschen blind folgen, uns nicht bedingungslos einbringen oder uns zu sehr bemühen. Perfektionismus mit seinem Stress und der Unfähigkeit, uns zu entspannen, rührt daher, dass wir versuchen, Angst und Unzulänglichkeit zu kompensieren. Perfektionismus kann dazu führen, dass wir vergleichen, und Vergleiche sind eine der Hauptursachen für Leid. Er kann auch den Teufelskreis aus Überlegenheit und Unterlegenheit in Gang setzen, die beide untrennbar miteinander verbunden sind. Sie geben dir das Gefühl, entweder über oder unter anderen Menschen zu stehen, lassen aber nie zu, dass du dich entspannst und genießt. Überlegenheit ist nichts anderes als eine Kompensation. Die Schattenfiguren des Snobs und des Kriechers sind die beiden Seiten ein und derselben Münze.

Angst und Gefühle der Unzulänglichkeit sorgen dafür, dass du aufgibst oder dich erbarmungslos antreibst. Du lässt dich treiben, setzt dich selbst unter Druck oder sogar beides. Liebe heilt Angst und Unzulänglichkeit. Vergebung heilt Angst und Unzulänglichkeit. Die Erinnerung daran, wer an deiner Seite geht, heilt Angst und Unzulänglichkeit. Vertrauen – die Entscheidung, die Kraft deines Geistes in eine positive Richtung zu lenken – heilt Unzulänglichkeit.

Loslassen und Verstehen heilen Angst und Unzulänglichkeit. Die Erkenntnis, dass Angst und Unzulänglichkeit dazu da sind, dein Ego zu stärken und dich vom heiligen Verspechen deiner Lebensaufgabe fernzuhalten, gibt dir die Möglichkeit, eine neue, bessere Entscheidung zu treffen. Sowohl Angst als auch Gefühle der Unzulänglichkeit fußen auf Selbstkonzepten, die versuchen, deine wahre geistige Wesensnatur zu verschleiern.

Wenn du erkennst, dass du Angst und Unzulänglichkeit benutzt, um andere Menschen von dir fernzuhalten, kannst du dich stattdessen dafür entscheiden, dich mit ihnen zu verbinden.

Angst und Gefühle der Unzulänglichkeit sind nicht die Wahrheit. Du kannst um die Wahrheit bitten, statt in diese Illusionen zu investieren. Verpflichtung heilt Angst und Unzulänglichkeit, weil die alten Spaltungen in deinem Bewusstsein, die Angst und Unzulänglichkeit erzeugen und nähren, sich jedes Mal, wenn du dich rückhaltlos einbringst, ein wenig mehr auflösen.

Lektion 13

Probleme sind eine Klage

Probleme sind eine Klage. Sie sind eine Klage darüber, dass jemand anderer sich nicht so um dich gekümmert hat, wie du es wolltest, und deshalb stehst du jetzt vor diesem Problem.

Ein Problem in deinem Leben sagt, dass ein anderer Mensch – nicht du – die Schuld an dem trägt, was geschieht. Diese Denkweise gehört in die Kategorie des größten Fehlers, den du im Leben machen kannst und der in dem Glauben besteht, jemand anderer sei für deine Erfahrung und dein Glück verantwortlich. Das ist der Grund, warum es in Beziehungen so viel Wut und Zorn gibt, denn mit dieser Einstellung weigerst du dich, die Verantwortung für dich selbst und dein Leben zu übernehmen. Wenn du einen Blick in dein Unterbewusstsein und dein Unbewusstes werfen könntest, wüsstest du, dass einzig und allein du selbst für dein Leben verantwortlich bist.

Ein Problem ist eine Form von Selbstangriff. Du bist bereit, es auf dich zu nehmen, weil die Klage, die du damit an den betreffenden Menschen richtest, dir so wichtig ist. Möglicherweise fürchtest du dich vor deiner eigenen Macht und willst die Verantwortung für dein Leben nicht übernehmen. Vielleicht willst du aber auch beweisen, dass jemand anderer ein „böser Bube" ist, während du selbst ein guter Mensch bist. Klagen greifen deine Selbstachtung an, weil sie im Grunde erklären, dass du außerstande bist, dir selbst zu helfen. Probleme dienen immer dazu, deiner Lebensaufgabe und deiner geistigen Wesensnatur aus dem Weg zu gehen.

Um deine Klagen aufzugeben, musst du deine Macht wieder annehmen und sie nutzen, um die Situation zu transformieren. Du kannst dem Menschen, über den du dich beklagst, dir selbst, der Situation und den Glaubenssätzen vergeben, die zu der Situation geführt haben. Du kannst die Verantwortung für dein Leben übernehmen und etwas ändern. Wenn du erkennst, dass Schuld lediglich eine Erfindung deines Verstandes ist, dann erkennst du auch, dass sowohl die Schuld als auch das, was zu deiner Rettung notwendig ist, in deinem Geist vorhanden sein müssen. Du kannst dich entscheiden, anstelle der Selbstbeschuldigung und der Klagen über andere Menschen, die damit unweigerlich einhergehen, sowohl dir selbst als auch anderen Menschen zu helfen. Wenn du das verstehst, bist du gerettet.

Dein Bewusstsein hat die unschöne Angewohnheit, alles abzuschneiden und zu verstecken, was nicht in dein Bild von dir selbst und anderen Menschen passt. Schuld hat unseligerweise zur Folge, dass du zu Unrecht wichtige Anteile deiner Ganzheit verurteilst und abschneidest.

Außerdem rührt die mit jeder Forderung verbundene Phantasievorstellung, selbst wenn sie erfüllt wird, von einem Bedürfnis her. Ohne Verbundenheit kann es keine echte Befriedigung geben, sodass du die nächste Phantasievorstellung erfindest, von der du hoffst, dass sie das Bedürfnis, das du in dir trägst, diesmal ganz sicher erfüllen wird. Bedürfnisse werden jedoch nicht durch Erwartungen, Forderungen oder Phantasievorstellungen, sondern durch Verbundenheit erfüllt. Deine Hingabe an ein höheres Maß an Verbundenheit ist das, was dir bleibende Zufriedenheit schenkt und dich über die Emotionen der Unzulänglichkeit und der Angst hinwegbringt. Dann tappst du nicht länger in die größte aller Fallen, die in der Erwartung besteht, etwas außerhalb deiner selbst sei für deine Zufriedenheit im Leben und in Beziehungen verantwortlich. Die Verbundenheit selbst erfüllt nicht nur deine Bedürfnisse, sondern auch dich. Ob du dich mit einem anderen Menschen verbindest oder nicht, ist dir selbst überlassen, aber es ist der einzige Weg, Heilung und ein höheres Maß an Glück zu erlangen. Glücklichsein rührt von deiner Entscheidung für ein immer höheres Maß an Verbundenheit her, während Unglücklichsein daher rührt, dass du dich für die Trennung entschieden hast. In jeder Opfersituation tritt dies deutlich zutage. Willst du klagen, oder möchtest du lieber herausfinden, dass du genau die Gabe in dir trägst, die Ursache deiner Klage ist, weil du glaubtest, sie nicht zu bekommen?

Lektion 14

Ein großes Problem verbirgt ein hohes Maß an Leugnung

Ein großes Problem verbirgt ein hohes Maß an Leugnung. Opfersituationen und Probleme sind die Folge von Leugnung. Du verheimlichst vor dir selbst, was wirklich vor sich geht. Das ist nicht ungewöhnlich, weil du natürlich ein positives Bild von dir selbst haben und nicht sehen möchtest, was du getan oder welche falschen Entscheidungen du getroffen hast. Du verheimlichst diese Fehler vor dir selbst, und daraus sind zuerst das Unbewusste und dann das Unterbewusstsein entstanden. Du trägst ein enorm hohes Maß an Macht und unzählige Gaben in dir, die du jedoch nicht nutzen kannst, weil sie unter deiner Leugnung vergraben liegen. Würdest du die Augen für das öffnen, was du tust, könntest du eine neue Entscheidung treffen. Du würdest dich nicht entscheiden, Dinge zu verdrängen. Du würdest keine unterbewussten Entscheidungen treffen, sondern alles sehen wollen, was in deinem Bewusstsein verborgen liegt. Diese heimlichen Kammern der Dunkelheit bergen Schmerz und Schuld. Sie erzeugen Probleme und sind das Holz, aus dem Fallen und Sabotage geschnitzt sind.

Es ist an der Zeit, dein Bewusstsein zu verändern, und dazu musst du sehen, was darin verborgen liegt. Alle Dinge in deiner Welt sind ein Spiegel dessen, was du in deinem Bewusstsein versteckt hast. Alles, was geschieht, geschieht infolge der Entscheidungen, die du triffst. Gestatte dir, deine alten Fehler zu erkennen, damit du sie berichtigen kannst. Erkenne, was in deinem Bewusstsein verborgen liegt, um es zu ändern, wenn es dir nicht gefällt.

Wenn etwas, das du in deiner Welt siehst, dir nicht gefällt, kannst du dich verpflichten, in deinem Bewusstsein das zu erkennen, wofür es steht. Um jedoch zu erkennen, was an der Wurzel deiner gegenwärtigen Situation liegt, musst du bereit sein, noch tiefer zu schauen und zu erkennen, was wirklich vor sich geht. Verpflichte dich nun also, das zu erkennen, was du vor dir selbst verborgen hast. Wenn du dich verpflichtest, alle verborgenen Kammern der Dunkelheit in dir zu finden, dann macht dein höheres Bewusstsein sie dir Schritt für Schritt bewusst und du kannst sie ihm übergeben, damit es sie mit Hilfe der Gnade ungeschehen machen kann. Verpflichte dich, jeden Selbstangriff aufzugeben. Du hast dich für das, was du in dir trägst, selbst bestraft. Es ist an der Zeit, dir selbst zu vergeben, deine Fehler einzugestehen und dein Leben weiterzuleben. Eine neue Welt wartet auf dich. Du kannst deine Macht und deine Gaben zurückgewinnen. Du kannst dein Licht leuchten lassen und das Leben führen, das du dir wünschst. Mache es dir zur Aufgabe, das zu finden, was du vor dir selbst verborgen hast. Denke daran, dass Fehler berichtigt werden können. Wenn du eine falsche Entscheidung siehst, kannst du eine neue Entscheidung treffen.

Lektion 15

Deine Abwehrhaltung kämpft um eine Illusion

Wenn du wahrnimmst, dass du eine Abwehrhaltung einnimmst, mache dir bewusst, dass das, was du verteidigst, nicht wirklich, sondern nur eine Illusion des Egos ist. Was ist dir wichtiger: Liebe oder deine Selbstkonzepte? Du hast eine Abwehrhaltung eingenommen, weil du dich allein und schwach fühltest, erkennst aber nicht, dass du diese Entscheidung selbst getroffen hast. Du kannst eine neue Entscheidung treffen. Es kann nichts zwischen dir und einem anderen Menschen stehen, wenn du bereit bist, darüber hinwegzusehen. Undurchdringlich erscheint es nur aufgrund deiner eigenen Besonderheit und eines Selbstkonzeptes, das du verteidigst. Wenn du bereit bist, dich zu ändern und die Dinge aus einer reiferen Perspektive zu betrachten, könnt ihr beide gemeinsam zu einem neuen Kapitel gelangen.

Wenn du dich auf die Wahrheit berufst, kann die Illusion ihrer Kraft nicht widerstehen. Nichts steht mehr zwischen euch, das undurchdringlich erscheint. Wenn du bereit bist, deinem Partner zu vergeben, stellen sich Wahrheit und ein heilender Blick auf die Dinge ein. Auf lange Sicht wirst du froh sein, dass du dich nicht in eine schmerzhafte und abwehrende Haltung verbissen hast, weil du dich allein und schwach fühltest, und dass du keinen Konflikt herbeigeführt hast, der dich zurückgehalten hätte.

Spüre der Emotion nach, die nun in dir hochgekommen ist. Frage dich, wo ihr Ursprung liegt. Sie wird dich zu dem Wurzelerlebnis führen, das den Schmerz hervorgerufen oder verstärkt hat. An diesem Ort löst Vergebung die Wurzel auf. An diesem Ort hast du dich allein und als Opfer gefühlt, aber hier erwarten dich auch nach wie vor die Aufgabe und die Gaben, von denen du dich abgewandt hast. Es sind wunderbare Gaben, die es dir ermöglichen würden, dein Licht in viel stärkerem Maße leuchten zu lassen. Es sind genau die Gaben, die derjenige braucht, dem deine Abwehrhaltung gegolten hat.

Tritt jetzt vor. Heile dich jetzt. Die Veränderung kann dich nur segnen und befreien. Dein Glück hängt davon ab.

Du brauchst dich niemals allein, schwach und getrennt zu fühlen. Erinnere dich daran, wer an deiner Seite geht.

Lektion 16

Wenn du dich versteckst, erteilt das Leben dir eine Abreibung

Wenn du dich vom Leben abwendest, wendet sich das Leben scheinbar von dir ab. Wenn du dich vor dem Leben, vor dir selbst und vor deiner Lebensaufgabe fürchtest, schneidest du dich selbst von dem ab, was du brauchst. Du schwimmst stromauf gegen den Fluss des Lebens. Du handelst dem Tao zuwider. Du glaubst, es besser zu wissen als der Heilige Geist, der nur das für dich will, was in ***deinem*** ureigenen Interesse liegt.

Verstecken liegt in der Natur des Egos, läuft aber deiner wahren Natur und deinem Eigeninteresse zuwider. Dein Ego ist nur an sich selbst interessiert. Es ist nicht an dir interessiert, obwohl es dir weismachen will, dass es dich schützt. So versichert es dir beispielsweise, dass es dich vor deiner Lebensaufgabe schützt, die – so schwört es – viel zu groß für dich ist. Natürlich ist deine Lebensaufgabe zu groß für dich, aber sie ist nicht zu groß für dich und den Himmel, von dem das Ego dich trennen will, indem es dir sagt, dass du auf dich selbst gestellt bist und alles aus eigener Kraft schaffen musst. Wenn du dich vom Himmel und der Gnade abwendest, steigt dein Arbeitspensum um glatte 100 %.

Wenn du dich versteckst, erteilt das Leben dir eine Abreibung.[1] Du hast dich vom Licht fort- und der Dunkelheit des Egos zugewandt, die zum Tod führt. Du gehst in die falsche Richtung und schneidest dich von der Inspiration ab. Du hast ein Urteil gegen dich selbst, das Leben und den Himmel gefällt.

---

1 Anm. der Übersetzerin: „to hide“ = sich verstecken, aber auch „to give sb. a hiding“ = jemandem eine Abreibung erteilen.

Stelle dir die Frage, zu wie viel Prozent du dich versteckt hast. Erkenne, dass der Mangel, die Probleme und die Themen in deinem Leben zeigen, wo du dich versteckst und vom Licht fortgewandt hast.

Triff eine neue Entscheidung. Lasse dich vom Himmel in deinem Wunsch bestärken, dein Versteck aufzugeben und vorzutreten. Lege alles in seine Hände. Dies ist die Aufgabe des Himmels. Deine Aufgabe ist es, deine Fehler zu erkennen und eine neue Entscheidung zu treffen, damit dein Wille sich auf den Willen des Himmels ausrichtet, der will, dass dir alle guten Dinge zuteilwerden. Es entspricht nicht dem Willen deines Egos, das um jeden Preis stark bleiben will, aber es ist dein wahrer Wille, frei zu sein.

Lektion 17

Alles kann dazu dienen, dein Herz zu öffnen

Alles kann dazu dienen, dein Herz zu öffnen. Alle positiven Dinge im Leben helfen dir, Liebe, Dankbarkeit und Wertschätzung zu empfinden. Sie bringen dich ins Hier und Jetzt, in dem es nur Liebe gibt. Die Menschen in deiner Umgebung, die deine Hilfe brauchen, können dein Herz durch Mitgefühl öffnen. Doch auch die Dinge, die dich verletzen, dich wütend machen oder bewirken, dass du dich schlecht fühlst, können – richtig genutzt – ein Weg sein, der dir hilft, dein Herz zurückzugewinnen.

Die Einstellung, die notwendig ist, um dein Herz zurückzugewinnen, wenn du aufgebracht bist, besteht in der Erkenntnis, dass dir in solchen Fällen ein Ort gezeigt wird, an dem du die Liebe und damit einen Teil deines Herzens verloren hast. Negative Emotionen und negative Ereignisse in deinem Leben zeigen einen Ort in dir, an dem *du* einen Fehler machst, an dem du diesen Fehler aber auch berichtigen kannst.

Wenn du die Verantwortung für alles übernimmst, was du fühlst und was in deinem Leben geschieht, kannst du es ändern. Erkenne, dass es eine Chance ist, und frage dich, wo seine Wurzel liegt. Vergib allen, die an der ursprünglichen Situation beteiligt waren. Vergib dir selbst für deine falsche Entscheidung. Vergib dem Menschen, den du zum Sündenbock gemacht hast, und vergib der Situation selbst. Frage dich, von welcher Gabe du dich abgewandt hast, um den Weg des Egos zu gehen, der aus Trennung und Kontrolle besteht. Frage dich, welche Gabe des Himmels du abgelehnt hast und vor welcher Aufgabe und Bestimmung du davongelaufen bist. Sei bereit, die Gaben zu empfangen, bekenne dich zu deiner Lebensaufgabe und deiner Bestimmung, und teile sie mit den Menschen, die an der ursprünglichen Situation beteiligt waren. Bringe deine Vergebung und deine Gaben mit zurück in die Gegenwart und teile sie mit allen Menschen und allen Dingen, deretwegen du jetzt aufgebracht bist. Nimm die Liebe und die Kraft des Herzens wahr, die dir jetzt geschenkt werden.

Lektion 18

Es ist wichtig, mit dir selbst in Verbindung zu bleiben

Es ist wichtig, mit dir selbst in Verbindung zu bleiben. Es ist wichtig, dass du weißt, wann du dich verirrt hast oder vom Weg abgekommen bist, damit du nicht immer weiter in ein negatives Muster hineingerätst. Du solltest deinen Tag jeden Abend vor dem Zubettgehen einer Prüfung unterziehen. Wo hast du die Geduld verloren? Über wen hast du dich geärgert? Was hat dich aufgebracht? Diese Orte zeigen, wo etwas aus deiner Vergangenheit deine Gegenwart angreift. Sie sollen dich aufhalten und ablenken, aber wenn du erkennst, dass du dich einfach dem nächsten Schritt verpflichten könntest, um deine Angst davor zu überwinden, ist alles im Lot. Dann kannst du deine Rückschau nutzen, um die Lektion zu lernen, die dir entgangen ist. Du hast möglicherweise eine Chance vertan, die Lektion auf mühelose Weise zu lernen, aber das ist wirklich kein Problem, denn du kannst sie jetzt lernen. Sei dir einfach aller Schuld und allen Selbstangriffs bewusst, die eine List des Egos sind, um zu verhindern, dass du die Lektion lernst und die Chance nutzt, die sich dir jetzt bietet.

Wie alt warst du, als das negative Gefühl, das heute in dir hochgekommen ist, wirklich begonnen hat? Wer war daran beteiligt? Du kannst in Gedanken zu diesem Zeitpunkt zurückkehren. Du kannst jede Emotion fühlen, bis du Frieden findest und dann zu einem Neuanfang gelangst. Du kannst allen Beteiligten, dir selbst und der Situation sowohl in der Vergangenheit als auch in der Gegenwart vergeben, bis Frieden sich einstellt.

Du kannst noch tiefer gehen. Erkenne, dass du das Drehbuch geschrieben hast. Neben der Tatsache, dass du jemand anderen und dich selbst angegriffen und dich getrennt hast, um unabhängig zu sein, hast du dich vor dem nächsten Schritt in Nähe oder Erfolg gefürchtet. Worin bestand dieser Schritt? Im Hinblick worauf wolltest du Recht haben? Was wolltest du bekommen? In allen diesen Situationen hattest du Angst, dich zu deiner Seelengabe, zur Gabe des Himmels, zu deiner Lebensaufgabe und zu deiner Bestimmung zu bekennen. Du kannst es jetzt tun und würdest damit eine wichtige Kurskorrektur vornehmen, was Liebe und Erfolg in deinem Leben betrifft. Du würdest dein Licht in viel höherem Maße leuchten lassen, und Leichtigkeit anstelle von Beschwernis würde sich einstellen. Je schlimmer der Schmerz ist, den du durchlebst, umso größer ist die Gabe, die du in dir trägst. In dem Maße, in dem deine Heilung auf immer tieferen Ebenen vorangeht, zeigt sich der Glanz der Gaben, die mit deiner Bestimmung – dem, der du in diesem Leben sein wolltest – einhergehen. Dieser Glanz ist Erfolg mit müheloser Mühe. Er entspringt deinem *Sein*.

Lektion 19

Angriff ist der Versuch, Gefühle der Unzulänglichkeit wettzumachen

Angriff ist der Versuch, Gefühle der Unzulänglichkeit wettzumachen. Wenn du dich schwach fühlst, greifst du an. Du versuchst, einen Ausgleich herzustellen. Im Wilden Westen wurde der Revolver der „große Gleichmacher" genannt, weil die körperliche Größe eines Mannes keine Rolle spielte, wenn er eine Schusswaffe besaß. Wenn du angreifst, fühlst du dich der Aufgabe, mit anderen Menschen zu kommunizieren, nicht gewachsen. Du hast das Gefühl, dass du nicht in der Lage bist, dir Gehör zu verschaffen, sodass du angreifst, um jemand anderen zu Fall zu bringen und dich selbst zu erhöhen.

Dein Angriff ist der Versuch, einen anderen Menschen zu kontrollieren. Du willst ihn dazu bringen, sich deinem Willen zu unterwerfen, um deine Bedürfnisse zu erfüllen. Wenn du dich in deiner eigenen Haut wohlfühlen würdest, gäbe es keine Forderung, keine Kontrolle und keine Manipulation, sondern nur eine Bitte, die eine viel größere Chance hat, erfüllt zu werden. Alles, was du einem anderen Menschen abgewinnst oder nimmst, mag dir zwar das bringen, was du wolltest, aber es bestätigt weder deine „Liebenswürdigkeit", noch ist es die Antwort, die dich erfüllt.

Angriff ist von seinem Wesen her die unmissverständliche Aussage, dass derjenige, den du angreifst, nicht nur schuldig, sondern auch liebensunwürdig ist. Tatsächlich trifft diese Aussage auch auf dich zu, wenn du angreifst, obwohl du auf einer bewussten Ebene überzeugt bist, im Recht zu sein, und dich moralisch überlegen fühlst. Angriff ist der Versuch, dich über einen anderen Menschen zu stellen, den Konkurrenzkampf zu gewinnen und zu beweisen, dass du unschlagbar bist. Mit welchem Zwangsmittel der Angriff durchgeführt wird, spielt dabei keine Rolle.

Angriff hat nicht zur Folge, dass deine Zuversicht größer wird. Das Gegenteil ist der Fall. Er bewirkt ein höheres Maß an Trennung, Angst, Konkurrenz und ein Gefühl von mangelnder Sicherheit. Er verstärkt genau die Unzulänglichkeit, die er eigentlich heilen sollte.

Angriff und Selbstangriff sind das wahre Fundament des Egos. Ohne diese Abwehrmechanismen würde es sich auflösen. Es braucht deine Unzulänglichkeit, um Angriff und Selbstangriff aufrechtzuerhalten. Das Ego setzt einen Teufelskreis in Gang, um auf Kosten deiner Sicherheit für seine eigene Sicherheit zu sorgen. Angriff und die Gefühle der Unzulänglichkeit, die er erzeugt, haben eine äußerst zerstörerische Wirkung auf deine Beziehungen und dich selbst. Sie rufen immer neue Schwierigkeiten hervor, die verhindern, dass du dich mit anderen Menschen verbinden und glücklich sein kannst.

Ebenbürtigkeit lässt zu, dass du dich mit anderen Menschen verbindest. Die Verbindung mit anderen Menschen birgt Glück und Transzendenz. Wenn du dem Angriff den Vorzug gegeben oder an deine eigene Kleinheit geglaubt hast, die den Angriff rechtfertigt, dann hast du deinem ureigenen Interesse zuwidergehandelt. Wenn du das Gefühl hast, unzulänglich zu sein, kannst du dich, statt anzugreifen, der Ebenbürtigkeit verpflichten, bis du die Wechselseitigkeit erfährst, die keinen Angriff duldet. Du kannst auch in die Stille gehen und den Himmel fragen: „Worin besteht mein Wert?“ Die Worte, die du vernimmst, geben dir deinen Wert und deine Zuversicht zurück.

Entscheide dich nicht für die Schwäche, wenn Liebe und Fülle möglich sind. Dein Ego ist das Prinzip der Trennung. Deine Selbstkonzepte sind die Mauer, die dich von der Welt, vom Himmel und von deinem Partner trennt. Wenn du bereit bist, die Identität, die du für dich geschaffen hast, auf dem Altar des Schmerzes hinzugeben, tritt dein wahres Selbst stärker hervor, und du wirst von Mauern und Illusionen befreit. Das wahre Selbst besitzt ein höheres Maß an Macht und Liebe, und es reicht hinaus, statt anzugreifen.

Verpflichte dich dir selbst. Öffne dein Herz, um deine Liebe und deine Macht zu erkennen. Verpflichte dich deinem Partner. Verpflichte dich deinem Leben und deiner Arbeit. Deine Zuversicht und Verbundenheit wachsen, und der Schmerz, die Angst und die Kleinheit des Egos lösen sich auf.

Lektion 20

Jede Emotion zeigt einen Konflikt

Jede Emotion zeigt einen Konflikt. Jede Emotion, die in dir hochkommt und dich aus dem Gleichgewicht bringt, zeigt einen Ort, an dem zwei gegensätzliche Anteile deines Bewusstseins einander gegenüberstehen. Sie bedeutet, dass du zwei unterschiedliche Überzeugungen in dir trägst, die nicht integriert wurden. Wären sie nämlich integriert worden, würden die unechten Elemente fortfallen, sodass ein Ganzes entstünde, das sowohl neue Integrität als auch ein höheres Maß an Zuversicht bringt.

Deine negativen Gefühle halten die Anteile deines Bewusstseins getrennt. Abhängig davon, wie weit diese Anteile deines Bewusstseins in ihren jeweiligen Überzeugungen auseinanderliegen, reichen sie von kleinen Ablenkungen bis hin zu großen emotionalen Hindernissen. Wenn die Anteile deines Bewusstseins im Prozess der Heilung zu größerer Ganzheit vereinigt werden, lösen die Emotionen sich im Frieden auf. Wenn schlechte Gefühle in dir hochkommen, bist du zuerst versucht, darauf zu reagieren und einen anderen Menschen dafür verantwortlich zu machen. Du gibst ihm die Schuld und greifst ihn an, regst dich auf und verlierst deinen inneren Frieden.

Es ist wichtig, dich der Heilung zu verpflichten, sobald ein negatives Gefühl in dir hochkommt. Wenn du erkennst, dass du hier bist, um Heilung zu erlangen, dass sie deine Aufgabe im Leben und deine Aufgabe in der Welt ist, dann weißt du, dass alle guten Dinge daher rühren, dass du ein höheres Maß an Frieden und Ganzheit erreichst.

Du wirst dieses wichtige Prinzip so lange immer wieder vergessen, bis du es zu einem Teil deiner selbst machst. Wenn ein schlechtes Gefühl in dir hochkommt, wirst du immer wieder glauben, jemand anderer habe es hervorgerufen, und ihn ins Unrecht setzen. Wenn du das, was in dir hochkommt, als Chance zur Heilung begreifst, dich der Heilung verpflichtest und über den Glauben hinausgelangst, jemand trüge die Schuld, sondern stattdessen Dankbarkeit empfindest, dass dir dieser verborgene Konflikt gezeigt wird, dann kann das, was geschieht, dir einen besseren Weg zeigen. Andernfalls wird daraus ein Konflikt, den du nun auf einen anderen Menschen projizierst. Du setzt ihn ins Unrecht, indem du versuchst, die Schuld auf ihn zu projizieren. Es muss sich jedoch niemand schlecht fühlen, wenn du bereit bist, dich dem besseren Weg zu verpflichten, der aus dem Prozess der Heilung hervorgeht.

Die Kluft zwischen dir und dem Menschen, mit dem du in einem Konflikt stehst, spiegelt lediglich die Kluft in deinem eigenen Bewusstsein wider. Wenn du mit der Absicht kommunizieren kannst, Heilung zu bewirken und diese Kluft zu überwinden, dann hast du begonnen, eine Brücke zu bauen. Wenn du die Heilung dagegen aus den Augen verlierst und anfängst, ihn zu verurteilen, dann hast du die Chance zur Heilung vertan. Gehe den Konflikten, in denen du dich befindest, nun auf den Grund. Verpflichte dich ***deiner*** Heilung. Mache folgende Worte aus *Ein Kurs in Wundern* zu deinem Mantra: „Ich könnte stattdessen Frieden sehen." Wiederhole sie, bis du deine innere Ruhe wiedergefunden hast.

Lektion 21

Alle negativen Dinge verbergen Angst

Alle negativen Dinge verbergen Angst. Dies schließt alle Emotionen und auch alle negativen Erfahrungen ein. Negative Situationen in der Welt entstehen aus vielen angsterfüllten Beziehungen heraus. Die folgenden Schlüsseldynamiken erzeugen Angst: Trennung, Konflikt, Urteil, Angriffsgedanken, Autoritätskonflikt. Sobald du dich von jemandem oder etwas trennst, kommt Angst in dir hoch, und im Schlepptau hat sie alle Dinge, die Angst erzeugen, wie etwa Verlust, Gefühle der Unzulänglichkeit, Verlassenheit, Bedürftigkeit, Mangel, Widerstand sowie ein gespaltenes Bewusstsein. Du überspielst diese Dinge durch Umtriebigkeit, indem du dich selbst antreibst, dir zu viele Ziele setzt und zu hohe Erwartungen an dich selbst und andere Menschen hast. Im „fortgeschrittenen Stadium" von Angst und Unzulänglichkeit versuchst du es mit Perfektionismus. Angst geht außerdem mit Leugnung, Dissoziation und nicht zuletzt Anhaftung und Verschmelzung einher, die eine falsche Verbundenheit bilden. Sie sieht wie Liebe aus, ist aber eine Form der Aufopferung, die Ebenbürtigkeit leugnet.

Wenn der Verlust der Verbundenheit zur Spaltung des Bewusstseins führt, willst du unterschiedliche und gegensätzliche Dinge. Du willst Liebe, Glück und Erfolg, aber gleichzeitig willst du dich auch verstecken, suchst eine Ausrede, um dein Licht nicht leuchten zu lassen, willst unabhängig sein und deinen eigenen Weg gehen. Der Konkurrenzkampf in dir führt zu einem Konkurrenzkampf in der Außenwelt. Es entsteht Angst, die vom Konkurrenzkampf, aber auch daher rührt, dass jeder Anteil deines Bewusstseins fürchtet, seine Bedürfnisse könnten nicht erfüllt werden.

Wenn du Angriffsgedanken hegst, siehst du, dass die Welt dir zurücksendet, was du aussendest. Du erntest, was du säst. Dies gilt gleichermaßen für Urteile, die eine Form von Verurteilung und Angriff sind.

Bei einem Autoritätskonflikt fühlst du dich von den Menschen bedroht, die über oder unter dir stehen. Deshalb glaubst du, unabhängig davon, ob du Recht hast oder nicht, dafür sorgen zu müssen, dass du die letzte Entscheidungsgewalt innehast, dass alles nach deinem Willen läuft und dass du der Chef im Ring bist. Ebenbürtigkeit und die Verbundenheit, die damit einhergeht, sind das natürliche Gegenmittel.

Eine Möglichkeit, eine negative Erfahrung zu heilen, besteht darin, die Angst zu heilen, die unter der negativen Erfahrung lauert. Um dich von deiner Angst zu befreien, kannst du jedes Prinzip der Heilung einsetzen, das deine Verbundenheit wiederherstellt.

Bereitschaft durchschneidet die Angst. Sie bringt dich über die Lähmung der Angst hinaus. Die Bereitschaft, bereit zu sein, reicht schon aus, weil der Himmel und dein höheres Bewusstsein den Rest übernehmen. Gnade spielt ebenfalls eine wichtige Rolle, wenn es darum geht, Angst zu heilen, denn Angst zeigt, dass du dich nur auf dich selbst verlässt, dich allein fühlst und kein Vertrauen hast. Auf einer bestimmten Ebene rührt alle Angst von deiner Entscheidung her, in Angst und Sorgen zu investieren, die ebenfalls eine Form von Angriff sind, statt darauf zu vertrauen, dass Gott sich um jedes deiner Bedürfnisse kümmert, weil du sein geliebtes Kind bist.

Wenn du lernst, dich neu zu verbinden, Freundschaft und Wechselseitigkeit zu fördern und dich für Liebe und Vertrauen anstelle von Angst zu entscheiden, löst deine Angst sich auf, und Leichtigkeit kehrt in dein Leben ein. Langsam, aber sicher wächst deine Vergebung. Du siehst über das hinweg, wovon du glaubtest, dass man darüber nicht hinwegsehen könne, und Dinge, die scheinbar chronisch festgefahren waren, werden transformiert. Du bist über die Falle hinausgelangt. Die Angst hält dich nicht länger gefangen. Du gewinnst das Leben der Liebe und der Kreativität zurück, für das du geschaffen wurdest.

Lektion 22

Ärger ist eine Form von Widerstand

Ärger will das, was ist, durch Nötigung ändern. Etwas, das ist, wie es ist, oder das, was ist, ist ein Zeichen dafür, dass deinem Drehbuch zufolge etwas nicht in Ordnung ist. Deine Wünsche wurden durchkreuzt, und du bist frustriert, weil die Dinge außer Kontrolle geraten sind. Ärger ist der Versuch, Dinge zu berichtigen und wieder mit deinen bewussten Wünschen in Einklang zu bringen, damit deine Bedürfnisse erfüllt werden. Du leistest dem, was geschehen ist, Widerstand und versuchst, die Situation wieder an deine Wünsche anzupassen, indem du andere Menschen mit deinem Ärger drangsalierst. Du widersetzt dich dem Fluss. Würdest du das, was geschehen ist und wogegen du dich wehrst, annehmen, würde es losgelassen. Es würde dich nicht länger bremsen oder dir den Schmerz bereiten, der zu deinem Ärger geführt hat. Du würdest von einem Ort der Verstimmung zu einem Ort des Friedens vorangebracht, der daher rührt, dass angenommen wird, was geschieht.

Ärger weist auf deinen Widerstand gegen das Drehbuch hin, das du heimlich schreibst und das im Widerspruch zu deinen bewussten Wünschen steht. Alles im Leben und im Verhalten anderer Menschen, das deinen Wünschen zuwiderläuft, passt zu deinem heimlichen Drehbuch. Das Ausmaß deines Schmerzes entspricht dem Maß, in dem deine bewussten Wünsche im Widerspruch zu einem tieferen Drehbuch stehen, das du ebenfalls schreibst, aber vor dir selbst verborgen hast. Es birgt Belohnungen des Egos, zu denen Besonderheit, Unabhängigkeit, Angriff, Selbstangriff, Kontrolle und der Wunsch, dass sich alles nach dir richtet, gehören. Alle diese Dinge geben dir eine Identität, für die du mit dem Preis des Schmerzes bezahlst, den das Ego verbirgt und für dich dissoziiert.

Das Maß an Schmerz, das du durchlebt hast, zeigt, wie grundverschieden die Wünsche des Egos sind. Es sind gegensätzliche Glaubenssysteme. Sie wollen unterschiedliche Dinge. Das Ego versteckt seine verborgenen Motive, weil sie in vollem Widerspruch zu deinem bewussten Denken stehen, das Liebe und Erfolg will. Das Ego will Trennung, denn sie sichert seine Existenz. Es will Besonderheit und Selbstüberhöhung, und wenn seine Großartigkeit nicht gewürdigt wird, dann nimmt es dafür eben die Besonderheit, die von Leid und Opferrollen herrührt. Es will Aufmerksamkeit bekommen, selbst aber nur dann Aufmerksamkeit geben, wenn es im Gegenzug etwas dafür bekommt. Es weiß nichts vom Nutzen und von der Fülle, die von Großzügigkeit herrühren. Es ist berechnend und will aus seinen Investitionen einen Gewinn schöpfen. Dem Ego geht es nicht darum, Dinge mit anderen Menschen zu teilen, sondern darum, sie zu bekommen. Es ist möglich, dass du bewusste, wohlwollende Glaubenssysteme über das Geben hast, die im Widerspruch zu den heimlichen Glaubenssystemen des Egos stehen, in denen es um Trennung und Nehmen geht. In einer Opfersituation, die immer ein Angriff auf wichtige Menschen in deinem Leben ist, zeigt das Maß an Schmerz, wie groß dein Ärger darüber ist, dass andere Menschen in der Vergangenheit nicht das getan haben, was du von ihnen verlangt hast. Aller Schmerz zeigt den Wunsch zu nehmen. Unerfüllte Bedürfnisse aus der Vergangenheit können in der Gegenwart die Form von Rache annehmen: „Ich werde es ihnen schon zeigen. Dieses Mal wird es ihnen leid tun, wenn ich mich in irgendeiner Art und Weise verliere oder verletzt werde."

Wenn du deine Macht zurückgewinnen willst, werde dir deines heimlichen Drehbuchs bewusst. Vergib dir selbst und allen Menschen, die du benutzt hast, um deinen heimlichen Plan auszuagieren. Bekenne dich zu dem, was du mit Hilfe dieses verborgenen Drehbuchs bekommen wolltest. Erkenne es als das schlechte Geschäft, das es für dich und für dein Glück war und immer noch ist. Du kannst diese Situationen nutzen, um deine eigene Heilung voranzutreiben und andere Menschen zu befreien. Integriere das heimliche Drehbuch mit deinen bewussten Wünschen, um neue Integrität und Ganzheit zu erlangen. Integriere sie und alle damit verbundenen Emotionen, die in dir hochkommen, indem du sie mit deinem höheren Bewusstsein verschmilzt. Dadurch wird dein höheres Bewusstsein von diesen Blockaden befreit, und dir wird die Möglichkeit gegeben, deine Ganzheit wiederzugewinnen, sodass neue Zuversicht an die Stelle von Widerstand und Schmerz tritt.

Lektion 23

Jede Emotion dient einem Zweck

Jede Emotion dient einem Zweck. Jedes negative Ereignis in deinem Leben scheint dem Zweck des Egos zu dienen, der darin besteht, dich aufzuhalten und seine eigene Macht zu festigen, während das höhere Bewusstsein sich zum Ziel gesetzt hat, jede Emotion zu nutzen, um Heilung zu bewirken. Ohne Bewusstheit wird jede Emotion zu einem Monument des Schmerzes. Sie wird zum Finger am Abzug der Waffe, deren Munition aus Anklage und Angriff besteht. Sie wird zu deinem Symbol der Rechtschaffenheit. Die Emotion beweist, dass du Recht hast. Sie gibt dir die Ausrede, das zu tun, was du ohnehin tun wolltest, dem du dich bisher aber nicht rückhaltlos hingegeben hast.

Bei jeder negativen Emotion, die in dir hochkommt, ist es wichtig, dir die folgenden Fragen zu stellen: Wofür benutze ich sie? Welchem Zweck dient sie? Welchen Vorteil wollte ich daraus gewinnen? Was erlaubt sie mir zu tun? Was brauche ich ihretwegen nicht zu tun? Worin besteht meine Belohnung? Welche Ausrede liefert sie mir?

Wenn du die Antworten findest, kannst du eine neue Entscheidung treffen. Du brauchst nicht immer weiter in etwas zu investieren, von dem du weißt, dass es unwahr ist und dass es dich niemals glücklich machen kann. Glück beruht auf Verbundenheit, und deine Emotionen trennen dich von anderen Menschen, von dir selbst und vom Himmel. Du trägst diese Emotionen schon lange in dir, warst dir ihrer bisher jedoch vermutlich gar nicht oder zumindest nicht in dem Maße bewusst, in dem dies jetzt der Fall ist. Wenn du nicht in die Vergangenheit und an den Ort zurückgekehrt bist, an dem ihr Ursprung liegt, ist ihr volles Ausmaß dir aller Wahrscheinlichkeit nach nicht bewusst.

Es ist äußerst hilfreich, bereits vor deiner Reaktion festzulegen, zu welchem Zweck du eine Emotion nutzen willst. Wenn du dir beispielsweise entschlossen Heilung zum Ziel setzt, dann benutzt du die Emotion nicht als Zeichen der Schuld eines anderen Menschen oder als Grund, dich zurückzuziehen, sondern als Mittel zur Heilung und um tieferen Frieden und Nähe zu erlangen. Das bedeutet, dass du entweder Frieden empfindest oder die Möglichkeit hast, ein höheres Maß an Ganzheit, Zuversicht und Verbundenheit zu erlangen.

Wozu setzt du diese Emotion ein? Um dein Leben voranzubringen oder um dein Ego zu stärken? Du hast eine Emotion entdeckt, die du schon die ganze Zeit in dir getragen hast. Dieser Vorfall hat sie lediglich ausgelöst, damit du dir ihrer bewusst werden konntest. Investierst du in den Plan des Himmels oder den Plan deines Egos? Investierst du in dich selbst und die Wahrheit, oder investierst du in deinen Wunsch, Recht zu haben?

Wenn du oft genug Entscheidungen triffst, die in dieselbe Richtung gehen, werden sie zu deiner Einstellung. Entscheide dich jetzt, wie du deine Emotionen nutzen willst, und verpflichte dich dieser Richtung. Deine Lebensqualität hängt davon ab.

Lektion 24

Alle Emotionen sind ein Zeichen von Widerstand

Alle Emotionen zeigen Widerstand und sind somit auch ein Spiegelbild der Angst vor dem nächsten Schritt. Alle Emotionen stehen zudem für ein Bedürfnis, das nicht erfüllt wird, weil das Bedürfnis ein Spiegelbild deiner Zwiespältigkeit ist. Wärest du offen dafür, das, was du brauchst, zu empfangen, dann wäre dein Bedürfnis bereits erfüllt.

Alle Emotionen zeigen ein gespaltenes Bewusstsein. Zwei Anteile deines Bewusstseins weigern sich, gemeinsam den nächsten Schritt zu gehen, solange ihre jeweiligen Ansprüche darauf, Recht zu haben und ihre Bedürfnisse erfüllt zu bekommen, nicht garantiert werden. Je stärker die Gegensätze zwischen diesen beiden Anteilen sind, umso stärker ist dein Gefühl, in einem Dilemma zu stecken oder, noch schlimmer, gekreuzigt worden zu sein.

Die Integration dieser unterschiedlichen Aspekte des Bewusstseins bringt Frieden und ermöglicht den nächsten Schritt. Weil du dich dem nächsten Schritt verpflichtest, wird das Dilemma geheilt, und Partnerschaft und Integration sind möglich. Anhaltende Verpflichtung heilt unbewusste Elemente und grundlegende Selbstkonzepte, führt dich zur Vision und auf neue Stufen deiner Lebensaufgabe voran. Sie ist der Wunsch, dich deiner Lebensaufgabe und dem Plan, den Gott für dich gemacht hat und der keine Aufopferung in sich birgt, uneingeschränkt hinzugeben.

Die Emotionen, die vermeintlich infolge der Situation in dir hochkommen, hast du bereits in dir getragen. Sie haben nur auf eine Gelegenheit gewartet, sich zeigen zu können. Du kannst diese Emotionen ganz einfach als die nächste Lektion im persönlichen Lehrplan deiner Seele betrachten, denn wenn du sie nicht als eine Lektion betrachtest, die es zu lernen gilt, dann hast du mit Widerstand zu kämpfen. Es ist deine Entscheidung. Die Bereitschaft, die Lektion zu lernen, setzt dein Vertrauen in den Prozess der Heilung und berichtigt den Mangel an Glauben in dich selbst, in andere Menschen und in den Himmel, auf den dein Widerstand hinweist.

Lektion 25

Starrsinn ist eine Form von Angst

Starrsinn ist eine Form von Angst. Du willst Recht haben. Du fürchtest dich davor, im Unrecht zu sein und dich ändern zu müssen. Du verteidigst stur deinen Standpunkt. Unter deinem Starrsinn verbirgt sich ein Gefühl der Unzulänglichkeit. Du willst nicht gedrängt werden. Du bezeichnest dich nicht als starrsinnig, sondern lieber als willensstark.

Es gibt noch andere Formen von Starrsinn, deren Ursprung in mangelnder Bereitschaft und Widerstand liegt. Bereitschaft heilt die Angst vor diesen Dingen. Starrsinn kann jedoch dazu führen, dass du unzugänglich, unbelehrbar, störrisch, unversöhnlich, aufsässig, unnachgiebig, verstockt und unbeweglich wirst. Häufig sind dies die Dynamiken, die dem Elend chronischer Probleme und den darunter verborgen liegenden Wutanfällen zugrunde liegen. Dies rührt wiederum von einer falschen Einstellung, Negativität, Ablehnung des Lebens, Böswilligkeit, passiver Aggression und Widerborstigkeit her. Du fürchtest dich davor, ein bestimmtes Selbstkonzept aufzugeben, das du aufgebaut hast. Dabei spielt es keine Rolle, ob diese Persönlichkeit negativ oder positiv ist. Wenn du sie geschaffen hast, haftest du an ihr an und setzt einer solchen Veränderung manchmal ein sehr hohes Maß an Widerstand entgegen. Dies hat zur Folge, dass du die Schattenfigur oder das Selbstkonzept des „Dinosauriers" verkörperst.

Die Schattenfigur ist eine Spaltung deines Bewusstseins, die du verurteilst, abspaltest, verdrängst und oftmals auch nach außen projizierst, für die du dich aber auf jeden Fall angreifst. Eine Schattenfigur ist mit einem weit höheren Maß an Schuld und Selbsthass verbunden als ein Selbstkonzept. Du bist der

Meinung, ein Selbstkonzept sei völlig normal, während die Menschen in deiner Umgebung deine Festgefahrenheit bemerken und ihr möglicherweise sogar sehr ablehnend gegenüberstehen.

Lernen und Veränderung halten dich jung. Verpflichte dich dem nächsten Schritt, deinem Partner und deiner Beziehung als zentralem Teil deines Lebens. Verpflichtung hat zur Folge, dass du dich immer weiter änderst und entwickelst. Eine Beziehung gleicht einem Workshop, der Heilung und Transformation fördert. Wie ein Workshop ist auch eine Beziehung eine Investition in dich selbst, deine persönliche Entwicklung und dein Glück. Diese Dinge entstehen durch ein immer höheres Maß an Zugehörigkeit und Verbundenheit, die eine Vertiefung der Nähe in der Beziehung und größeren Erfolg außerhalb der Beziehung für euch beide bedeutet.

Es kann sein, dass du erst nach jahrzehntelanger Ehe diesen Starrsinn in dir selbst oder in deinem Partner entdeckst, weil die Wurzeln des Starrsinns und der Rebellion, die wir in uns tragen, normalerweise im Unbewussten eingeschlossen sind. Es kann sogar sein, dass dein Partner nachgiebig und anpassungsfähig ist, bis du diese tiefe Ebene erreichst oder auf ein chronisches Thema stößt. Wenn es dir gelingt, über diesen Ort der Festgefahrenheit hinauszugelangen, kann ein höheres Maß an Glück, Liebe und Verbundenheit entstehen. Gelingt es dir nicht, kann er auch zu den Klippen werden, an denen dein Leben und deine Beziehung scheitern. Wenn er sich im Beziehungsstadium des Machtkampfs zeigt, ist dies ein Hinweis darauf, dass ihr, du und dein Partner, tiefer verwundet seid und dass bei euch beiden noch mehr Dinge der Heilung bedürfen. Wenn du deinen eigenen Starrsinn und den Starrsinn der Menschen in deiner Umgebung addierst, dann entspricht das Gesamtmaß ***deinem*** Starrsinn auf bewussten, unterbewussten und unbewussten Ebenen des Geistes.

Verpflichte dich dem Lernen und der Veränderung. Wenn du auf der Stelle trittst, bist du sowohl starrsinnig als auch im Irrtum. Bitte um die Wahrheit und den Segen der Veränderung, damit du wieder frei sein kannst.

Lektion 26

Deine Erwartungen und Forderungen können nicht befriedigt werden

Deine Erwartungen und Forderungen können nicht befriedigt werden. Deine Erwartungen werden möglicherweise erfüllt, weil du Forderungen stellst, aber dies geschieht fast immer unter Zwang. Die Aufopferung, die damit verbunden ist, die Forderungen eines anderen Menschen zu erfüllen, lässt kein echtes Geben zu, sodass das Bedürfnis letztlich nicht erfüllt und das Verlangen nicht befriedigt wird.

Forderungen sind zudem eine Form des Nehmens, die zwar das Ego, nicht aber dich befriedigt. Das Ego weiß nur das zu schätzen, was es nimmt, aber durch Nehmen wird das Bedürfnis nicht erfüllt, weil die Erfüllung des Bedürfnisses die Wiederherstellung der Verbundenheit zur Folge hätte. Dies würde dazu führen, dass ein Teil des Egos verloren wäre, weil es das Prinzip der Trennung und das Gegenteil von Verbundenheit ist.

Ein Bedürfnis entsteht deshalb, weil du entschieden hast, dich zu trennen, unabhängig zu werden und in dein Ego zu investieren. Auf der bewussten Ebene willst du, dass dein Bedürfnis erfüllt wird. Du willst die Liebe und den Erfolg, die mit Verbundenheit einhergehen. Auf der unterbewussten Ebene fürchtest du, du könntest deine Unabhängigkeit verlieren, und widersetzt dich genau den Dingen, für die du möglicherweise hart arbeitest.

Jede Erwartung ist mit einem Bild davon verbunden, wie etwas sein sollte. Wenn die Wirklichkeit deinem Bild nicht entspricht – aber oft genug auch dann, wenn sie es tut –, bist du nicht zufriedengestellt und erfindest einfach eine neue Phantasievorstellung von etwas, das dich deiner Meinung nach zufriedenstellen würde. Auf diese Weise gerätst du schnell in eine endlose Tretmühle. Sobald du deine Bilder und Phantasievorstellungen loslässt, bist du paradoxerweise mit dem zufrieden, was du hast. Wenn du deine Anhaftungen loslässt, kannst du endlich Erfüllung erfahren. Mit leeren Händen dazustehen gibt dir die Möglichkeit, dich erfüllen zu lassen.

Lektion 27

Dein Problem zeigt, dass du einen anderen Menschen beschuldigst

Dein Problem zeigt, dass du einen anderen Menschen beschuldigst. Es ist eine Form von unterbewusstem Angriff, der dadurch verborgen wird, dass es den Anschein hat, als wärest du verletzt worden. Dein eigener Rückschlag verbirgt jedoch die Tatsache, dass du einen anderen Menschen beschuldigst. „Schau, was du mir angetan hast“, schreit das Problem einen wichtigen Menschen in deinem Leben und die Gesellschaft im Allgemeinen an. Dein Problem ist auch ein Ort, an dem du Gott dafür anklagst, dass er dir so etwas antun konnte. Unterbewusst übernimmst du keine Verantwortung für das, was in deinem Leben geschieht, und diese Tatsache sowie deine Schuldzuweisungen dissoziieren deine Macht. Wenn du einen Rückschlag erleidest oder ein Problem hast, kommt dein Bewusstsein mit sich selbst nicht klar.

Bei Rückschlägen ist es hilfreich, dich zu fragen, wen du beschuldigst. Schau dir an, was du zu erleiden bereit bist, um einen anderen Menschen anklagen zu können.

Schuldzuweisungen ***verbergen*** natürlich ***deine eigene Schuld***, und Schuld ruft immer Selbstbestrafung auf den Plan. Angriff und Selbstangriff bilden einen Teufelskreis. Du kannst einen anderen Menschen nicht angreifen, ohne zugleich dich selbst anzugreifen. Umgekehrt kannst du nicht dich selbst angreifen, ohne gleichzeitig die Menschen, die du liebst, und die Menschen in deiner Umgebung anzugreifen.

Betrachte dein Leben zum jetzigen Zeitpunkt. Wo gibt es Rückschläge, und wen beschuldigst du? Unterziehe dann deine Vergangenheit einer Prüfung und gehe den großen Rückschlägen und darunter verborgenen Schuldzuweisungen auf den Grund. Gegen wen waren sie gerichtet, und worum ging es dabei? Gehe noch tiefer und schaue dir an, wofür du dich selbst beschuldigt hast. Frage dich zuletzt, wofür du Gott beschuldigt hast.

Wenn du anfängst, jedem zu vergeben, den du beschuldigst hast, dich selbst und Gott eingeschlossen, dann wirst du feststellen, dass deine Wahrnehmung des Vorfalls sich verändert. Sobald du in ausreichendem Maße vergeben hast, nimmt die Geschichte in deiner Wahrnehmung eine glückliche Wendung. So kannst du dein Leben und deine Macht zurückgewinnen.

Lektion 28

Wenn du einen Verlust erleidest, kommt unerledigte Trauer in dir hoch

Wenn du einen Verlust erleidest, kommt unerledigte Trauer in dir hoch, um losgelassen zu werden. Wenn du über einen Menschen oder eine Sache scheinbar nicht hinwegkommen kannst, wird dein Festhalten womöglich durch ähnliche, in der Vergangenheit erlittene Verluste genährt.

1975 trauerte ich um eine Freundin, die mich verlassen hatte. Ich lief in meinem Apartment umher und fühlte die Trauer, um sie loszulassen. Nach etwa einer Dreiviertelstunde sah ich in einer Rückschau, wie ich im Alter von ungefähr zwei Jahren in meinem Kinderbettchen stand und weinend nach jemandem rief, der kommen und mich auf den Arm nehmen sollte. Als die Emotion aus dieser Szene aufgelöst war, nahm mein Prozess des Loslassens eine fühlbare Wendung zum Besseren. Ich habe häufig erlebt, dass das Ende einer Beziehung mich in die Lage versetzte, Dinge loszulassen, an denen ich aus früheren Beziehungen und anderen Orten meiner Kindheit noch festhielt.

Wenn du das, was verloren ist, nicht loslässt, wird es zu einer Depression. Was losgelassen wird, öffnet dagegen den Weg für einen Neubeginn. Wenn du erkennst, dass ein unbetrauerter Verlust ein Muster des Verlustes in Gang setzt, siehst du dich vielleicht eher veranlasst, ihn loszulassen. Manchmal dient eine Depression als Abwehrstrategie gegen zukünftigen Verlust, denn wenn du nicht bereit bist, loszulassen und dich dem Leben wieder zuzuwenden, dann glaubst du, sie könne dich vor weiterem Verlust beschützen. Dies ist eine denkbar schlechte Strategie, weil eine Depression dich in genau dem Gefühl des Verlustes festhält, das du abwehren willst. Du bleibst in der Emotion des Verlustes gefangen, um Verlust zu vermeiden, was wieder einmal beweist, dass ein Abwehrmechanismus genau das herbeiführt, was er eigentlich abwehren sollte. Diese unterbewusste, falsche Logik des Egos kann rasch losgelassen werden, sobald sie ans Tageslicht gebracht wurde.

Wenn du in deinem Prozess des Loslassens über jeden unterbewussten und unbewussten Verlust hinausgehen würdest, kämest du irgendwann wieder bei dem ursprünglichen Gefühl des Verlustes an, der beim Fall aus der Gnade – der Trennung vom Himmel in die Dimension von Raum und Zeit hinein – entstanden ist. Zeit hat die Aufgabe, durch Verbundenheit das wiederherzustellen, was du verloren hast, und die Vergebung des Grolls zu bewirken, der von diesem Verlust herrührt, damit du ins Einssein zurückgeführt werden kannst. Sie hat außerdem die Aufgabe, die Götzen, Anhaftungen und Phantasievorstellungen loszulassen, die Verlust verbergen, sowie das gespaltene Bewusstsein, das den Verlust am Leben erhält.

Wenn du vollkommen loslässt, dann kommt etwas Besseres, um den Platz dessen einzunehmen, was du verloren hast. Hast du den Mut, eine Besserung zu erlauben? Hast du den Mut, einen neuen und besseren Ort in deinem Leben zu erreichen? Aller Schmerz rührt von Anhaftungen her, die eine falsche Form von Verbundenheit sind. Halte Ausschau nach deinen Anhaftungen und lasse sie los, um verlorene Verbundenheit zurückzugewinnen und dir zukünftigen Schmerz zu ersparen.

Lektion 29

Empfange dein Erbe

Empfange dein Erbe. Es wurde dir übergeben. Dir wurde die Besitzurkunde für das Universum übergeben. Du bist das Kind von „Allem-Was-Ist". Du bist ein spiritueller Prinz, eine spirituelle Prinzessin, hast dich im Laufe der Äonen jedoch selbst zum Sklaven gemacht, deine Macht aufgegeben und deine wahre geistige Wesensnatur verborgen. Die Trennung, die das Ego ist, bringt dich dazu, dich von dir selbst als dem unendlichen Licht, dem Kind Gottes, das du bist, abzuwenden. Du hast einen Vater, der unendlich reich ist. Deine älteren Brüder und Schwestern waren allesamt Erlöser der Menschheit. Du aber fürchtest dich vor deiner Macht und der Freiheit in dir, die möglich ist. Selbst jetzt bietet der Himmel dir Gaben, Gnade und Wunder als Lösung für jedes Problem an.

Gnade – die Gottes Liebe zu dir ist – strömt zu allen Zeiten auf dich herab. Es liegt in der Wesensnatur Gottes, dir alles zu geben. Du jedoch empfängst so wenig, weil du es zumindest so aussehen lassen willst, als würdest du alles aus eigener Kraft schaffen. Du willst nicht eingestehen, dass du einen Schöpfer hast, sondern dich lieber als selbsterschaffen sehen. Prinzen und Prinzessinnen haben nun aber einmal eine Abstammungslinie, und durch dein Eingeständnis zeigst du deine Dankbarkeit für das, was dir gegeben wurde. Deine Dankbarkeit zeigt sich daran, in welchem Maße du die Dinge, die dir selbst gegeben wurden, mit den Menschen in deiner Umgebung teilst.

Der Himmel gibt dir alles, aber du empfängst nur so wenig. Erlaube dir, die nächste große Gabe, die der Himmel für dich bereithält, wirklich zu empfangen. Öffne ihr die Tür. Sie wird dich auf eine neue Ebene der Liebe und des Glücks führen. Sie wird sich als eine neue Ebene spiritueller Erkenntnis und Begabtheit zeigen. Jedem von euch wurde dieses Vermächtnis gegeben. So wenige von euch bekennen sich dazu. Du kannst dich jetzt dazu bekennen. Ein spiritueller Prinz, eine spirituelle Prinzessin inspiriert durch seine bzw. ihre Liebe, Schönheit und Anmut. Ihr *Sein* – nicht ihr Tun – macht den entscheidenden Unterschied, und du könntest zahllosen Menschen durch deine Entscheidung helfen, dein spirituelles Erbe anzunehmen. Deine Bestimmung ist es, der zu sein, der du in diesem Leben sein wolltest. Du bist hier, um ein spiritueller Prinz oder eine spirituelle Prinzessin zu sein. Segne die Welt und dein Leben, indem du dich nicht länger versteckst und vor deiner Bestimmung davonläufst.

Lektion 30

Kurskorrekturen sind notwendig

Kurskorrekturen sind notwendig. Ein Flugzeug, das von einem Zielflughafen zum nächsten fliegt, nimmt nie den direkten Weg. Der Flugingenieur bestimmt unterwegs immer wieder die Position des Flugzeuges und nimmt Korrekturen an seinem Kurs vor. Im Leben und in Beziehungen ist es ganz genauso: Zahlreiche Kurskorrekturen sind notwendig. Deshalb lernen wir. Es versetzt uns in die Lage, unseren Kurs zu korrigieren.

Der erste Schritt besteht darin, immer wieder deine Beziehung zu dir selbst, deinem Partner, deiner Familie, deiner Arbeit und deinem Leben zu hinterfragen. Wenn du nicht erkennst, dass etwas der Berichtigung bedarf, versuchst du auch nicht, es in Ordnung zu bringen. Es ist natürlich, etwas zu berichtigen, wenn du weißt, dass es nicht in Ordnung ist. Beobachte dich selbst auf der körperlichen, emotionalen, mentalen und spirituellen Ebene. Es ist hilfreich, bei jedem Bereich zu verweilen und zu überlegen, was darin fehlt und was du tun könntest, um es zu berichtigen. Du brauchst nicht alles genau zu ergründen. Du trägst die Antwort bereits in dir. Um sie zu finden, brauchst du dich nur hinreichend zu entspannen, damit die Antwort zu dir kommen kann. Deine Aufgabe besteht darin, die Antwort von ganzem Herzen *wissen zu wollen.* Dich ihr immer wieder neu zu verpflichten, bringt dich ihr immer näher, bis du sie schließlich klar erkennst. Die Antwort birgt sowohl die Energie in sich, die du brauchst, um die erforderliche Kurskorrektur vorzunehmen, als auch die Motivation, sie Wirklichkeit werden zu lassen. Höre nicht auf die Stimme deines Egos, das dir weismachen will, es sei zu schwer oder gar unmöglich, dich zu ändern. Da es niemals der Wille des Himmels ist, dass du auf der Stelle trittst, muss es einen Weg geben, der hindurchführt. Deine Aufgabe besteht darin, bereit zu sein. Die Aufgabe des Himmels besteht darin, ihn in die Tat umzusetzen.

Zwei wichtige Aspekte, die es anzuschauen gilt, wenn du über notwendige Kurskorrekturen nachdenkst, sind dein Herz und die Qualität deines Lebens. Gibt es Kämpfe, die von verborgener Angst und Schuld zeugen? Ist irgendein Bereich deines Lebens von Leblosigkeit geprägt? Sollte dies der Fall sein, musst du dafür sorgen, dass dein Herz voll funktionsfähig wird. Leblosigkeit ist in erster Linie ein Abwehrmechanismus, den du benutzt, um deine Angst vor Beziehungen, Erfolg, Nähe, deiner Lebensaufgabe und deinem Selbst zu überdecken. Du kannst diese Angst überwinden, indem du vergibst, dich bei allem, was du tust, voll und ganz einbringst, dich selbst einbeziehst und auf die Stimme der Inspiration hörst, die sich dir mitteilen will.

Untersuche anschließend den Glücksquotienten in deinem Leben. Wenn er sehr niedrig ist, bist du auf vielen Ebenen vom Kurs abgekommen. Glück ist ein Nebenprodukt der Liebe und leidenschaftlicher Hingabe. Glück hängt davon ab, wie viel du gibst und wie viel du dir zu empfangen erlaubst. Es ist das Gegenteil des Egos, das eine Sache nur zu schätzen weiß, wenn es sie nehmen kann. Dies rührt von Trennung her und führt zu Manipulation, Machtkampf, Verletzung und Rückzug. Nehmen verschließt dich, was dazu führt, dass du das, was du nimmst, was du hast und auch dich selbst nicht wertschätzt. Geben öffnet dich, was zur Folge hat, dass du empfangen und genießen kannst. Es erzeugt Fluss und bringt Glück. Schaue dir dein Leben an. Es ist die Folge der zahllosen Entscheidungen, die du auf bewussten, unterbewussten und unbewussten Ebenen getroffen hast. Entscheidungen, die du in wichtigen Momenten getroffen hast, sind zu Mustern in deinem Leben geworden. Wenn du weiterhin ähnliche Entscheidungen triffst, werden sie zu deiner Einstellung. Dies ist deine Richtung. Entscheide dich für das Leben.

Du bist dir der vielen Entscheidungen, die dazu geführt haben, dass du dich in deiner derzeitigen Lage befindest, möglicherweise nicht bewusst, aber das liegt daran, dass nur ein kleiner Teil auf einer bewussten Ebene getroffen wurde. Der Rest liegt unterhalb der bewussten Ebene verborgen. Durch deine Entscheidung, deinen Wunsch und deine Intuition kannst du dir aber auch diese Entscheidungen wieder bewusstmachen. Übernimm die Verantwortung für dein Leben und deine Probleme, weil es dir sonst nie gelingen wird, etwas daran zu ändern. Entscheide dich immer wieder dafür, deinen Kurs zu korrigieren, weil du sonst stets anderen Menschen die Schuld daran geben wirst, dass du vom Kurs abgekommen bist. Es ist an der Zeit, Freude und Begeisterung in dein Leben zurückzubringen, und das kann dir nur gelingen, wenn du es regelmäßig überprüfst.

Lektion 31

Kritik ist von Arroganz und Konkurrenzdenken geprägt

Kritik ist von Arroganz und Konkurrenzdenken geprägt. Es gibt keinen Ort der Zentriertheit, aus dem Kritik kommen kann. Hilfreich sind nur Anleitung und die Vermittlung von Einsicht. Alles andere stellt Überlegenheit her und sagt mehr über den aus, der kritisiert, als über den, der kritisiert wird. Kritik ist der Versuch, jemand anderen zu berichtigen, und das ist arrogant. Es ist arrogant, außer Acht zu lassen, dass das, was du wahrnimmst, deine Projektion ist und dass du für das, was du siehst und erfährst, selbst verantwortlich bist. Das liegt daran, dass deine Erfahrung und deine Wahrnehmung von Entscheidungen herrühren, die aus der Ansammlung von Glaubenssätzen heraus getroffen wurden, die du von dir selbst hast. Deine Kritik ist der Versuch, dich von dem zu distanzieren, was du in dir und in einem anderen Menschen verurteilt hast, um zu zeigen, dass du besser bist als das, was du kritisiert hast.

Kritik als Konkurrenzdenken führt zu Machtkampf oder Leblosigkeit, wenn du dich aus dem Konkurrenzkampf zurückziehst. Sowohl Arroganz, die versucht, Gefühle der Kleinheit und Unterlegenheit zu kompensieren, als auch Konkurrenz stellen sich auf die Seite der Trennung und des Versuches des Egos, deine eigene Besonderheit hervorzuheben, während sie gleichzeitig einen anderen Menschen schlechtmachen. Damit eine Beziehung erfolgreich sein kann, ist es wichtig, sie als Fehler loszulassen, dir des geheimen Einvernehmens in Bezug auf das, was du in einem anderen Menschen wahrnimmst, bewusst zu sein und zu helfen, statt zu urteilen.

Lektion 32

Ärger versucht, deine Verantwortung auf andere Menschen zu schieben

Ärger versucht, deine Verantwortung auf andere Menschen zu schieben. Wenn du verärgert bist, dann sagst du damit, dass das, was passiert ist, deinen Wünschen zuwiderlief und das Leben oder jemand anderer unrecht daran getan hat, so zu handeln. Du leugnest, dass das Ereignis etwas mit Übertragung zu tun hat, einem Muster aus deiner Vergangenheit, das du in die Gegenwart, in dieses Hier und Jetzt mitgebracht hast, weil es dir zu einem bestimmten Zweck gedient hat. Du leugnest auch, dass dieses Ereignis ein Teil des Drehbuchs war, das du – wiederum aus einem bestimmten Grund – geschrieben hast, und dir außerdem als Gelegenheit gedient hat, dich loszureißen und deinen eigenen Weg zu gehen, während du gleichzeitig einen anderen Menschen und dich selbst angreifst. Dein Ärger ist eine Form von emotionaler Einschüchterung, um jemand anderen durch Zwang oder Schuldgefühle zu kontrollieren. Ärger geht weder auf die Emotion ein, die er abwehren sollte, noch auf den Menschen, sondern benutzt ihn stattdessen, um auf ihn zu projizieren. Die Selbstkonzepte, die du nicht magst, werden einem Menschen in deiner Umgebung untergeschoben, während du so tust, als ginge es nicht um dich, sondern einzig und allein um ihn. Die Welt ist dein Spiegel, und dein Ärger greift sowohl dich als auch ihn an.

Schau tiefer. Übernimm Verantwortung. Arbeite auf den vielen Ebenen, die dir zu Verfügung stehen, an deiner Heilung. Sei kein Tyrann. Dein Ärger ist eine Form von Kontrolle. Angesichts oben geschilderter Dynamiken ist gerechter Zorn nicht gerecht, sondern vielmehr eine Abwehrstrategie gegen heimliche Schuld. Deine Selbstgerechtigkeit übersieht eine Chance zur Heilung, die dein Leben ganz entscheidend verändern könnte.

Lektion 33

Alle Emotionen sind Zeichen von Angst und Schuld

Alle Emotionen sind Zeichen von Angst und Schuld. Emotionen steigen aus dem Raum auf, in dem Spaltungen entstehen, und werden durch die Trennung am Leben erhalten. Angst und Schuld gehören zu den Hauptemotionen, die, ganz unabhängig von allen anderen Emotionen, die du möglicherweise fühlst, immer in dir hochkommen. Wenn du beispielsweise Ärger empfindest, hast du zugleich Angst. Wenn du dich verletzt fühlst, fühlst du dich auch schuldig. Eine Emotion bedeutet, dass du dich nicht nur vor der Zukunft fürchtest, sondern auch in der Vergangenheit feststeckst. Du fürchtest, die Zukunft könnte der schmerzerfüllten Vergangenheit gleichen, in der du deine Verbundenheit verloren hast. Schuld, die du benutzt, um dich vor dem zu schützen, wovor du Angst hast, programmiert dich in Wirklichkeit darauf, Angst zu haben. Angst zieht das an, wovor sie Angst hat, und Schuld sorgt für Bestrafung in dem Versuch, deine Schuld zu tilgen. Angst und Schuld rufen die Emotionen schmerzhafter Ereignisse erneut auf den Plan und setzen selbstschädigende Muster in Gang. Auch wenn du diese Emotionen unterdrückst, verdrängst oder kompensierst, trägst du sie in dir, und sie ziehen dich zu dem hin, was du fürchtest. Nur wenn du die Emotion vollständig loslässt, kann neue Verbundenheit mehr Zuversicht und einen Neuanfang herbeiführen. Angst und Schuld erzeugen einen Teufelskreis aus vergangener Schuld und Angst vor der Zukunft, der dich im Hier und Jetzt von der Liebe fernhält. Investiere nicht in die Illusion dieser Emotionen. Frage dich, wozu du sie benutzt. Wenn du den Fehler deiner Entscheidung erkennst, lasse sie los. Entscheide dich stattdessen für die Liebe. Du hast sie verdient.

Lektion 34

Emotionen und Gier gehen Hand in Hand

Wenn du verbunden bist, ist das Bewusstsein frei von Spaltungen. Du hast ein klares Ziel, und ein natürlicher Fluss trägt dich darauf zu. Harte Arbeit ist nicht notwendig. Viel wird mühelos erreicht. Du kannst empfangen. Wenn Emotionen in dir hochkommen, rühren sie von einem Verlust deiner Verbundenheit her, der bereits in der Vergangenheit geschehen ist und in der Gegenwart verstärkt wird. Die verborgene Dynamik, die allem Schmerz zugrunde liegt, besteht darin, dass du, wenn Schmerz in dir hochkommt, dich dafür entscheidest, die Verbundenheit zu zerstören, weil du glaubst, dass es dir auf dich allein gestellt besser ergehen wird. In Opfersituationen wird diese Tatsache vollkommen verdrängt, aber eine Opfersituation zeugt von deiner Bereitschaft, eine Opferrolle zu spielen, damit du unabhängig sein kannst. Du erkennst nicht, dass die verborgene Unabhängigkeit ebenfalls eine Rolle ist, aus der heraus du weder empfangen noch dich an etwas erfreuen kannst. Das führt dazu, dass du schwelgst. Eine weitere Rolle, die immer mit den Rollen des Opfers und der Unabhängigkeit einhergeht, ist die Rolle der Aufopferung, die vielfach verstärkt wird, weil du sie auch benutzt, um die Schuld deines Schwelgens zu tilgen. Rollen führen zu Leblosigkeit und dazu, dass du dein Herz verlierst. Da du nicht empfangen kannst, willst du immer mehr, findest aber keine Befriedigung. Dissoziation und der Verlust der Verbundenheit nähren somit deine Gier. Du kannst bekommen und nehmen, dich aber nicht an dem erfreuen, was du bekommen oder genommen hast. Deshalb bist du im Teufelsdreieck der Rollen des Opfers, der Aufopferung und der Unabhängigkeit gefangen, die dich in der Leblosigkeit gefangen halten, statt Authentizität und echte Partnerschaft zu ermöglichen.

Wenn du deine Emotionen als Hinweis darauf nutzt, dass du einen Fehler begangen hast, und dich verpflichtest, deine Verbundenheit wiederherzustellen, werden sowohl der gegenwärtige Schmerz als auch der verdrängte Schmerz aus der Vergangenheit geheilt, der ihn verstärkt hat. Auch die unersättliche Leere, die die Welt verschlingen will, wird geheilt.

Lektion 35

Emotionen sind mit einer Belohnung verbunden

Emotionen sollen ein bestimmtes Ziel erreichen. Sie sind der Versuch, eine Belohnung zu bekommen. Wie alles, was du tust, und alle deine Erfahrungen sind Emotionen zweckgerichtet. Alle diese Dinge dienen dir auf die eine oder andere Art und Weise. Du willst mit ihrer Hilfe etwas bekommen, benutzt sie als Ausrede, willst etwas schützen, eine alte Schuld sühnen oder einem wichtigen Menschen in deinem Leben eine Botschaft senden. Du beklagst dich, erklärst, dass Unrecht geschehen ist, und schneidest dich von anderen Menschen, dir selbst und vom Himmel ab. Du entfernst dich vom Leben. Du machst einen Fehler und benutzt emotionale Erpressung, um andere Menschen zu kontrollieren. Du forderst Hilfe und Liebe. Du versuchst, Aufmerksamkeit zu erlangen und etwas Besonderes zu sein. Du versuchst, dich zu verstecken, gibst dir die Erlaubnis, etwas zu tun, was du immer schon tun wolltest, oder eine Ausrede dafür, etwas nicht zu tun, was du nicht tun wolltest. Du begibst dich in eine Opferhaltung und hast angefangen, dich aufzuopfern. Du versuchst, Recht zu haben, und willst gleichzeitig beweisen, dass du Recht hast. Du wendest dich von einer Seelengabe, von der Gnade des Himmels, von deiner Lebensaufgabe und von deiner Bestimmung ab. Du weigerst dich, vorzutreten und dich zu zeigen. Du versteckst dich und gibst vor, klein und unbedeutend zu sein. Du zerstörst Verbundenheit und fügst dem äußeren Panzer deiner Persönlichkeiten ein weiteres Selbstkonzept hinzu. Du vergrößerst deine Angst und Schuld, während du gleichzeitig angreifst, den Menschen zu Unrecht beschuldigst, dem du deine Hilfe versprochen hattest, und auf Rache sinnst. Du stellst dich auf die Seite deines Egos und rebellierst gegen den Himmel. Nicht nur dein Starrsinn und deine Angst vor Veränderung werden größer, sondern auch deine Selbstzentriertheit, deine Geschäftigkeit und dein Maß an Stress. Du hast dein Bewusstsein gespalten und versuchst, durch Dissoziation die Schwere der Verletzung zu lindern. Damit verbirgst du jedoch das, was der Heilung bedarf. Du hast dem Licht den Rücken zugekehrt. All das und noch viel mehr tust du zur gleichen Zeit.

Es ist an der Zeit, dir der Dinge bewusst zu werden, die du im Schilde führst, üblicherweise aber vor dir selbst verbirgst, damit du informierte Entscheidungen treffen und in dem Wissen, dass es einen besseren Weg geben muss, an deiner Heilung arbeiten kannst. Es sind all die Dinge, die du in dein Unterbewusstsein verbannt hast. Was du verborgen hast, kannst du aber nur finden, wenn du den festen Vorsatz dazu fasst und weißt, dass es da ist. Wenn du die Wahrheit über ein Ereignis entdeckt hast, das deine Emotionen ausgelöst hat, dann weißt du, dass niemanden eine Schuld trifft, aber alle verantwortlich sind. Du kannst deine Verantwortung nutzen, um alle zu befreien.

Lektion 36

Dein Selbstangriff greift dich an

Dein Selbstangriff ist nicht nur eine Missachtung deiner selbst, sondern eine Form von Trotz, weil du dich selbst nicht wertschätzt. Dein Trotz ist jedoch auch gegen dein wahres Selbst gerichtet. Du verbündest dich mit dem Ego gegen deine geistige Wesensnatur. Dich auf die Seite der Trennung zu stellen ist ein Versuch, einen bestimmten Zustand in deinem Leben aufrechtzuerhalten. Deine Angst, den nächsten Schritt zu gehen, mag von gewisser Dauer sein, aber früher oder später wird das Leben deiner Bequemlichkeit einen Schlag versetzen. Dieser Schlag trifft dich häufig völlig unvorbereitet aus heiterem Himmel, weil du stehen geblieben bist und den Zugang zu genau der Quelle versperrt hast, die Gnade und Wunder bringen würde. Ihre Aufgabe ist es, dich aus deinem Ort der Festgefahrenheit zu befreien.

Chronische Schuld und die mit ihr verbundene Selbstbestrafung sind deine Mittel, dich gegen das Einssein zu sperren und die Trennung aufrechtzuerhalten. Wie ein trotziges Kind, das sich selbst verletzt, um seine Verärgerung über die Eltern zu zeigen, benutzt du das Werkzeug der Selbstverletzung, um den Himmel anzugreifen. Der Himmel blickt dagegen mit Vertrauen und Mitgefühl auf dich in dem Wissen, dass du den Fehler irgendwann erkennen und den nächsten Schritt gehen wirst, der dich deiner geistigen Wesensnatur – deinem wahren Selbst – näher bringt.

Lektion 37

Probleme zeigen einen Mangel an emotionaler Integrität

Probleme zeigen einen Mangel an emotionaler Integrität, weil ein Problem von deinem gespaltenen Bewusstsein herrührt. Dein gespaltenes Bewusstsein ist ein Spiegelbild verlorener Integration. Du willst zwei oder noch mehr vollkommen unterschiedliche Ziele erreichen. Auf einer bewussten Ebene ist Liebe dein Ziel, aber im Unterbewusstsein verbirgst du die Seite, mit der du dich am wenigsten identifizierst. Diese Seite projizierst du anschließend als äußeres Hindernis in die Welt.

Wenn du nur ein einziges Ziel hättest, würdest du es auf natürliche Weise schnell und mühelos erreichen. So ist die Wesensnatur des Bewusstseins. Ist es dagegen gespalten, kann es sich in unzählige Richtungen zerstreuen und damit deinen Erfolg verhindern.

Bei einem Problem enthält das gespaltene Bewusstsein, dessen Ursprung in einem Akt der Trennung liegt, den wir vollzogen haben, viele schmerzhafte Gefühle. Dazu gehören immer Verlust, Verletzung, Angst, Schuld, Einsamkeit und Gefühle von Schwäche, Unzulänglichkeit und Schuldzuweisungen, um nur einige zu nennen. Du hast nach außen projiziert, dass dir jemand etwas angetan hat, das dich dazu gebracht hat, dich zu trennen. Du verbirgst vor dir selbst, dass du mit der Getrenntheit paktiert, in das Ego investiert und den Vorfall benutzt hast, um Verbundenheit zu zerstören. Du verheimlichst vor dir selbst, dass du alle diese Dinge getan hast, um unabhängig zu sein.

Das Ego versichert dir, dass es sich um deinen Schmerz kümmern wird, und das tut es, indem es ihn dissoziiert. Damit löst es das Problem allerdings nicht, sondern deckt es zu. Den Schmerz trägst du immer noch in dir. Du bist dir seiner nur nicht bewusst. Das Gesetz der Anziehung bewirkt, dass ein ähnlicher Schmerz auf dich zukommt, der den alten Schmerz wieder aktiviert. Dies kann ein Trauma auslösen, aber es ist wichtig zu erkennen, dass du den Schmerz, den du fühlst, bereits in dir getragen hast. Wenn er an die Oberfläche drängt, will das Ego den Schmerz verstärken, während dein höheres Bewusstsein ihn auflösen will und zu diesem Zweck bis zur Wurzel der Trennung zurückgeht, die der Schmerz erzeugt hat. Entscheidest du dich für deine Heilung, oder entscheidest du dich dafür, den Schmerz zu verstärken?

Mangel an Integrität kann sogar auf noch tiefere Ebenen hinabreichen. Du leugnest die Emotionen, die mit dem Problem verbunden sind. Diese Leugnung ist ein Abwehrmechanismus und der Versuch, deine Getrenntheit zu schützen. Du willst das Problem lösen, willst es zugleich aber auch nicht, weil es dem Ort dient, an dem du dich mit dem Ego identifiziert hast.

Man könnte auch sagen, dass du dich für das Problem entschieden hast. Du hast es getan, um deine Angst zu schützen, deine Gefühle der Unzulänglichkeit zu verbergen, Schuld zu tilgen, andere Menschen und dich selbst anzugreifen, die Kontrolle über andere Menschen und dich selbst zu erlangen, einen Groll nicht aufgeben zu müssen, damit du andere Menschen oder dich selbst kontrollieren kannst, oder deiner Lebensaufgabe aus dem Weg zu gehen. Es gibt noch zahllose weitere Gründe. Natürlich verbirgst du alle diese Dinge vor dir selbst und glaubst einfach, dass du ein Problem hast.

Wenn du erkennst, dass du für das Problem verantwortlich bist, und wenn du bereit bist, dir selbst und allen anderen an der Situation beteiligten Menschen so oft zu vergeben, bis deine Erfahrung grundlegend verändert und das Problem gelöst ist, dann befreist und ermächtigst du dich selbst.

Lektion 38

Deine Probleme zeigen dir einen Ort der Kontraktion

Deine Probleme zeigen dir einen Ort der Kontraktion, an dem du dich für die Kleinheit anstelle deiner Begabtheit entschieden hast. Jedes Problem zeigt eine Spaltung in deinem Bewusstsein, und jede Spaltung im Bewusstsein zeigt einen Ort verlorener Verbundenheit. Der Verlust der Verbundenheit wurde durch eine Entscheidung verursacht, die du entweder auf einer bewussten Ebene getroffen und dann verdrängt oder auf einer unterbewussten Ebene getroffen hast. Selbst dein Trauma war Teil deiner Verschwörung der Kleinheit. Dein Wunsch, dich zu verstecken und vor deiner Lebensaufgabe davonzulaufen, hat die Zerstörung der Verbundenheit verursacht. Es hatte zur Folge, dass du Selbstkonzepte aufgebaut hast und ein problemloser, leichter Weg zu einem Kampf wurde, den der Konflikt des gespaltenen Bewusstseins ausgelöst hat. Wenn du deiner Lebensaufgabe aus dem Weg gehst, gehst du zugleich deiner Größe und der Pforte zur Transzendenz aus dem Weg. Dein Wunsch, dich zu verstecken, der vom Ego herrührt, liegt mit deiner Sehnsucht nach dem höheren Selbst, der Erkenntnis deines grenzenlosen Wesens und dem Einssein im Krieg.

Kontraktion bedeutet, dass du um einige Größen schrumpfst. Sie dient dem Ego. Übermäßig aufgeblasene Menschen kompensieren auf diese Weise häufig nur ihr Gefühl der Kleinheit. Du lebst in einer Welt der Kleinheit. Die Menschen fürchten sich davor, der zu sein, der sie sein wollten. Auf der Flucht vor unserer Lebensaufgabe und unserer Bestimmung findet noch immer ein Massenexodus statt. Weil du in eine Welt voller Pygmäen hineingeboren bist, fürchtest du dich davor, deine wahre Größe als Riese zu zeigen.

Die Verpflichtung zu deiner Lebensaufgabe ist gleichbedeutend damit, dass du dich deiner Größe verpflichtest. Die Verpflichtung zu deiner Bestimmung ist gleichbedeutend damit, dass du dich deiner Meisterschaft verpflichtest. Dies ist die Wahrheit des Geistes. Es ist die Wahrheit, dich von ganzem Herzen zu deiner Lebensaufgabe und zu deiner Bestimmung zu bekennen. Es ist die Wahrheit, dich als Kind Gottes zu erkennen und deine Erleuchtung anzunehmen. Deshalb bist du hier.

Du bist hier, um das Rennen zu laufen. Du bist nicht hier, um rückwärts zu schlurfen. Es ist einfach, es dir in deiner Welt bequem zu machen und dich ihr anzupassen, aber du bist hier, um als Führungspersönlichkeit und als Freund zu helfen. Du bist hier, um durch deine Vision die Welt zu segnen. Du bist hier, um durch deine Meisterschaft eine Brücke zwischen Himmel und Erde zu bauen. Du bist hier, um über den Weg des höheren Bewusstseins und der Erleuchtung das Einssein zu erkennen.

Verpflichte dich heute deiner Größe. Verpflichte dich ihr immer wieder neu. Visionäre öffnen sich radikal, sind bereit, alles zu wagen, und geben sich dann rückhaltlos hin. Was wünschst du dir für dein Leben? Ist es gerechtfertigt, dass du dich versteckst? Willst du mehr für dich selbst? Willst du mehr vom Leben? Falls die Antwort ja lautet, musst du dich uneingeschränkt geben.

Lektion 39

Wenn du dein Herz verlierst

Wenn du dein Herz verlierst, dann verlierst du den Teil deines Lebens, der das Leben lebenswert macht. Dein Herz ist der Schlüssel zu der Liebe, die du für andere Menschen und für dich selbst empfindest. Dein Herz ist der Schlüssel zum Vergnügen und zur Fähigkeit, zu empfangen. Der Verlust deines Herzens führt zu Bestürzung, Mutlosigkeit, Müdigkeit, Erschöpfung und schließlich Depression. Wenn du dein Herz verloren hast, hast du dich selbst verloren. Dein Herz bringt Partnerschaft und freudige Entfaltung.

Du solltest wissen, dass der Verlust deines Herzens sich nicht nur auf dich selbst auswirkt, sondern auf alle Menschen, die du liebst und die dir nahestehen. Die folgenden Punkte können dir helfen, dein Herz zurückzugewinnen, wenn du mutlos oder besiegt bist.

1. Wünsche es dir von ganzem Herzen zurück.
2. Lege dein müdes und verwundetes Herz in die Hände Gottes.
3. Sende den Menschen, die du liebst, oder den Menschen, die dich brauchen, deine Liebe.
4. Finde etwas, das dich inspiriert, denn es wird dein Herz öffnen.
5. Verpflichte dich, dein Herz uneingeschränkt zurückzugewinnen.
6. Erkenne, dass du hier bist, um den Ort zu heilen, an dem du auf der Stelle trittst. Er verbirgt ein höheres Maß an Erfolg und Liebe. Verpflichte dich dem nächsten Kapitel in deinem Leben.
7. Übernimm die Verantwortung und bringe deine Falle zum Handelsposten des Himmels. Mit Fallen kannst du heute ein gutes Geschäft machen.

8. Verbinde dich mit einem Menschen, den du liebst, immer wieder neu und Schritt für Schritt durch jede Erfahrung hindurch, die im Weg steht.
9. Bitte um ein Wunder. Alles, worum du bittest, wurde dir bereits gegeben. Empfange das Wunder, während du darum bittest.

Lektion 40

Selbstliebe ist der Schlüssel zu einem glücklichen Leben

Selbstliebe ist der Schlüssel zu einem glücklichen Leben. Jedes Mal, wenn du die Entscheidung triffst, dich selbst zu lieben, bittest du alle guten Dinge des Lebens, zu dir zu kommen. Probleme und Krankheiten stellen hingegen immer einen Mangel an Selbstliebe dar. Selbstangriff ist das größte Problem, das es in der Welt gibt, da er uns ständig dazu bringt, andere Menschen anzugreifen, und zu einem noch höheren Maß an Selbstangriff führt.

Selbstliebe segnet dich, während Selbstangriff dich verflucht. Immer wenn du dich für die Selbstliebe entscheidest, heilst du etwas aus der Vergangenheit, das dich anderenfalls als Problem geplagt hätte. Wenn du dir selbst gibst, hast du viel mehr, was du dem Leben geben kannst. Wenn du dich selbst liebst, hast du viel mehr, was du den Menschen geben kannst, die du liebst.

Wenn du in einem Mangel an Selbstliebe feststeckst, kannst du die göttliche Präsenz bitten, dir mit ihrer unermesslichen Liebe und ihrem unschätzbaren Wert zur Seite zu stehen. Durch die grenzenlose Liebe, die sie für dich empfindet, wird dein eigenes Maß an Selbstliebe stets erhöht.

Lektion 41

Selbstüberhöhung und Selbstentwertung rühren von traumatischen Ereignissen her

Selbstüberhöhung und Selbstentwertung rühren von traumatischen Ereignissen her. Sie sind gegensätzliche Abwehrmechanismen für ein und dasselbe Problem. Du entwertest dich selbst in dem Glauben, dass du nicht noch einmal verletzt wirst, wenn du die Aufmerksamkeit von dir ablenkst. Du überhöhst dich selbst in dem Versuch, den Verlust wettzumachen, den du in der traumatischen Situation erlitten hast. Selbstentwertung und Selbstüberhöhung geschehen immer dann, wenn es dir an Selbstliebe mangelt.

Meist gehen in einer Beziehung selbstüberhöhende und selbstentwertende Persönlichkeiten eine Partnerschaft miteinander ein. Wenn zwei Menschen sich als Paar weiterentwickeln, gelingt es ihnen hoffentlich nicht nur, ein höheres Maß an Gleichgewicht, sondern auch ein höheres Maß an Ebenbürtigkeit zu erlangen. Geschieht dies nicht, kann Konkurrenz eine große Rolle in der Beziehung spielen und alle möglichen Themen aufwerfen. Ein Partner ist der Überlegene, während der andere zum Unterlegenen wird. Der unterlegene Partner ist vom aufgeblähten Selbstgefühl des Überlegenen abhängig. Er benutzt es, um seinen eigenen Mangel an Selbstwertschätzung wettzumachen, ist aber gleichzeitig aufgebracht darüber, dass der Überlegene sich selbst eine hohe Stellung einräumt, die ihm wiederum vollkommen natürlich erscheint.

Die Verpflichtung zu Ebenbürtigkeit und Gleichgewicht ist in dieser Situation der Schlüssel, denn der Überlegene und der Unterlegene sind zwei Seiten einer Medaille. Beide Partner haben Selbstüberhöhung bzw. Selbstentwertung in der Situation, in der sie sich in ihrer Kindheit befanden, als gefährlich abgelehnt. Im

Unterbewusstsein ist das eine jedoch im anderen enthalten. Deine Verpflichtung zum Gleichgewicht integriert diese Spaltungen immer wieder neu. Erst wenn sie vollständig integriert wurden, stellt sich in der Beziehung ein gewisses Maß an Reibungslosigkeit und Ruhe ein. Erst dann fallen Klagen, Verleumdung, Sabotage und Feindseligkeit fort, weil die subtilen Ebenen der Konkurrenz nicht länger benutzt werden, um den Partner zurückzuhalten.

Lasse nicht zu, dass verborgene Konkurrenz dich von der wunderbaren und transzendenten Nähe fernhält, die zwischen dir und deinem Partner und zwischen dir und deiner Familie möglich ist.

Lektion 42

Wenn du deine Fehler eingestehst, verändern sie sich

Wenn du deine Fehler eingestehst, fangen sie an, sich zu verändern. Sobald du einen Fehler eingestehst, macht dein höheres Bewusstsein sich ans Werk, den Schaden wiedergutzumachen, den der Fehler angerichtet hat. Auf diese Weise werden deine Fehler berichtigt. Du wirst dazu angeregt, einen besseren Weg zu sehen, und die Falle, in die du getappt warst, entwirrt sich. Du hast die Lektion gelernt, bist den nächsten Schritt im Leben gegangen und hast ein höheres Maß an Zuversicht erlangt.

Eine Emotion lässt dich wissen, dass du einen Fehler gemacht hast. Wenn du deinen Fehler eingestehst und die Emotion nicht benutzt, um selbstgerecht zu glauben, du habest das Recht, andere Menschen zu drangsalieren und emotional zu erpressen, dann kann er berichtigt werden. Deine Selbstgerechtigkeit und das Gefühl, zu einer Emotion berechtigt zu sein, lassen die Tatsache außer Acht, dass du dich auf einer tieferen Bewusstseinsebene aus einem bestimmten Grund für diese Emotion und ihre Auswirkungen entschieden hast. In *Ein Kurs in Wundern* heißt es dazu: „Du regst dich niemals aus dem Grund auf, den du meinst." Deine Selbstgerechtigkeit verbirgt Gefühle der Schuld. Sie leugnet den Anteil, den du selbst auf unterbewussten und unbewussten Ebenen an der Emotion hast. Sobald du eingestehst, dass du einen Fehler gemacht hast, beginnst du, die Lektionen zu lernen, die damit verbunden sind. Die Bereitschaft, den nächsten Schritt zu gehen, die dadurch zum Ausdruck kommt, macht die Heilung einer Emotion zu einer mühelosen und natürlichen Aufgabe. Der Weg wird leicht, und deine Reife und emotionale Integrität wachsen.

Lektion 43

Liebe ist Schönheit

Liebe ist Schönheit. Die Liebe, die ihr füreinander empfindet, lässt Schönheit in euch und um euch entstehen. Unter Schönheit versteht man normalerweise die ästhetische Anmut der Form. Es gibt jedoch noch eine andere Schönheit, die vom Herzen ausströmt. Sie segnet alle, die sie sehen, mit Offenheit, sodass sie ihrerseits mit von Herzen kommenden Segenswünschen darauf antworten. Liebe bringt eine Schönheit mit sich, die den Speicher der Liebe auffüllt, der auf der tiefsten Ebene die Welt im Einssein zusammenhält. Liebe erinnert dich an den Himmel, auf den hin du dich entwickelst. Er ist ein Ort der Liebe und des Lichts. Die Liebe, die du für alle Dinge empfindest, ermöglicht es ihnen, Schönheit zu erlangen, und dieses Erblühen in Schönheit ist ein Duft, der alle Menschen in deiner Umgebung berührt.

Die Liebe, die du in dir trägst, macht dich schön. Liebe besitzt die Fähigkeit, das Herz anderer Menschen zu öffnen, und Schönheit hat die gleiche Wirkung. Liebe erschafft, während Schönheit erschaffen wird. Schönheit ist die Auswirkung von Liebe.

Liebe ist gleichbedeutend damit, dass du gibst, anderen Menschen dein Herz öffnest, teilst und empfängst. Je mehr Liebe du zum Ausdruck bringst, umso mehr Schönheit erschaffst du. Durch die Liebe, die du gibst, wirst du in die Lage versetzt, eine *Geschichte des schönen Lebens* für dich selbst zu erschaffen. Wenn du Liebe an Orten schenkst, an denen man nicht damit rechnet, öffnet sich dir das Leben. Wenn du Liebe schenkst, wo bisher Trennung oder Groll geherrscht haben, wird Heilung bewirkt. Liebe kann Verbundenheit verstärken, sodass der Geist sich in Freude öffnet und die geistige Einsicht wächst.

Liebe fordert nicht. Sie schenkt sich selbst und segnet alles, was sie berührt. Auf der Ebene des *Seins* sind Liebe und Schönheit ein Strahlen. Dieses Strahlen ist das, was sie sind. Es gibt kein Tun. Liebe *ist* ganz einfach, und wo die Liebe ist, dort hat die Schönheit ihren Wohnsitz.

Lektion 44

Deine emotionale Erfahrung hängt davon ab, wie du ein Ereignis benutzt

Wie du ein Ereignis emotional erlebst, hängt davon ab, wie du es benutzt. Wenn du es benutzt, um Heilung zu erlangen, dann bist du ungeachtet der damit verbundenen Leiden oder Härten neugierig darauf zu erfahren, was wirklich vor sich geht, und du bist gespannt auf die Gaben, die unter dem Schmerz verborgen liegen.

Die meisten Menschen wissen nicht, welchem Zeck eine Emotion wirklich dient. Das führt dazu, dass das Ego ein emotionales Ereignis für sich beansprucht und dich zur Geisel des damit verbundenen Schmerzes macht. Tatsächlich dient ein Ereignis jedoch entweder dem Ego oder dem höheren Bewusstsein. Das Ego bietet dir verlockende Dinge, die dich unmöglich glücklich machen können. Was es dir gibt, trennt dich von dir selbst, von den Menschen, die du liebst, und vom Leben. Wenn du dem Ego folgst, schlägst du nicht den Weg des Glücks ein. Wenn du dem höheren Bewusstsein folgst, läufst du vor einer Emotion weder davon, noch suhlst du dich in Schuld oder Selbstmitleid. Du verstehst, dass du, wenn du dem Prozess vertraust und möglichst rasch durch die Emotion hindurchgehst, zu einem Neuanfang gelangst, der dazu führt, dass du dein Herz in höherem Maße zurückgewinnen kannst. Das höhere Bewusstsein gibt dir mit jedem Ereignis die Möglichkeit zu lernen und stellt deine Ganzheit wieder her. Es gibt dir mit jedem emotionalen Ereignis die Möglichkeit, vorzutreten, deine Macht zu erkennen, ein höheres Maß an Frieden zu erlangen und die Gaben anzunehmen, die das Ereignis transformieren würden.

Das Ego benutzt ein emotionales Ereignis, um seine Bedürfnisse erfüllt zu bekommen und Aufmerksamkeit zu erlangen. Dinge, die du bekommst, können dich jedoch nicht wirklich zufriedenstellen, weil du – wenn auch unterbewusst – das Gefühl hast, taktieren zu müssen, um sie zu bekommen. Das führt dazu, dass du nicht empfangen, sondern nur ***bekommen*** kannst. Bekommen erfüllt deine Bedürfnisse jedoch nicht, sondern verstärkt nur deinen Hunger. Es ist die Lösung, die das Ego dir anbietet, damit deine Bedürfnisse erfüllt werden, du gleichzeitig aber unabhängig bleibst. Erfüllung ist jedoch nur durch Geben oder Empfangen möglich, da sie die Verbundenheit wiederherstellen.

Lege alle Emotionen, die in dir hochkommen, deshalb in die Hände deines höheren Bewusstseins, damit es sich um sie kümmert. Dann benutzt du sie, um Heilung zu erlangen und dein Leben zu gestalten.

Lektion 45

Angriff ist nicht vereinzelt

Angriff ist nicht vereinzelt. Dieser Satz ist ein Zitat aus *Ein Kurs in Wundern*. Als ich ihn zum ersten Mal las, erkannte ich, wie klug, zutreffend und tiefgründig er aus psychologischer Sicht ist, und war zutiefst bewegt. Meine eigene Arbeit bestätigte im Laufe der Jahrzehnte dieses Prinzip, und ich konnte sehen, in welch hohem Maße es der Wahrheit entsprach. Wenn du einen anderen Menschen angreifst, dann schießt du nicht mit einem Revolver auf ihn, sondern feuerst mit einem Maschinengewehr in die Menge. Selbstangriff hat die gleiche Wirkung. Er greift nicht nur die Menschen in deiner Umgebung, sondern auch die Menschen an, die du liebst.

Du kannst nicht auf einen Menschen zornig sein und verhindern, dass dein Angriff auch die Menschen trifft, die du liebst. Passive Aggression, Rückzug und ein Verhalten, das andere Menschen zum Opfer macht, sind ebenfalls Formen von Angriff. Dein Angriff mag auf einen Menschen gerichtet sein, aber er trifft alle. Alle Dinge und alle Menschen sind miteinander verbunden. Du kannst dich nicht ungestraft aggressiv verhalten. Dein Angriff greift alle anderen Menschen und dich selbst an. Ich habe Menschen dazu gebracht, ihren Selbstangriff aufzugeben, als sie erkannten, welche Auswirkungen er auf ihre Kinder hatte. Ich konnte auch zeigen, dass die Wut, die man auf einen anderen Menschen richtet, eine äußerst schädliche Wirkung auf den eigenen Partner hat. Emotionen existieren in einem vereinigten Feld. Sie wirken sich auf alle Menschen aus, und gerade bei Wut und Angriff sind diese Auswirkungen direkt zu sehen.

Es ist an der Zeit, allen Angriff und jeden Groll aufzugeben. In *Ein Kurs in Wundern* heißt es: „Du kannst dich nicht alleine kreuzigen." Wenn du versuchst, einen anderen Menschen ans Kreuz zu nageln, legst du die Hand der Menschen, die du am meisten liebst, über die Hand des Menschen, gegen den du den Groll hegst. Das gilt auch, wenn du dich selbst kreuzigst. Du nagelst die Menschen ans Kreuz, die du liebst. Willst du das wirklich tun? Jeder Angriff muss vollkommen aufgegeben werden, damit du frei sein kannst. Jetzt ist es an der Zeit, dich dafür zu entscheiden, alles loszulassen. Es kann eine der wichtigsten Entscheidungen in deinem Leben sein.

Lektion 46

Warum bist du so angriffslustig?

Du glaubst, dass es viele Gründe gibt, die einen Kampf rechtfertigen, aber in Wahrheit gibt es nur einen einzigen guten Grund, nämlich den, dich selbst zu schützen. Wenn du zulässt, dass ein anderer Mensch dich verletzt, verstärkst du sowohl deine eigene als auch seine Schuld. Es kann einen Teufelskreis aus Schuld, Angriff und Gegenangriff in Gang setzen. Wenn jemand dich körperlich angreift, ist es daher wichtig, dich zu verteidigen, statt dich aus einem Gefühl der Schuld heraus zu opfern. In jedem anderen Fall führen Abwehrmechanismen jedoch zu Angriff und setzen einen Teufelskreis aus Angriff in Gang.

Der erste und wichtigste Grund, aus dem du kämpfst, ist der, dass jemand deine Bedürfnisse nicht erfüllt, du jedoch der Meinung bist, dass er es tun sollte. Dabei handelt es sich um deinen Partner, deine Eltern, deine Lehrer, dein Kind. Die Liste ließe sich endlos fortsetzen, und du machst den größten Fehler, den du im Leben und in Beziehungen machen kannst. Er besteht darin, dass du glaubst, jemand anderer sei dafür verantwortlich, dass du glücklich bist. Du bist in eine Kultur hineingeboren, in der die Menschen nur nach außen schauen. Du forderst, dass andere Menschen dich glücklich machen sollen, und du beklagst dich oder bekommst Wutanfälle, um zu zeigen, wie unglücklich du bist. *Jedes Problem* ist eine Klage, die auf jemanden abzielt, weil er dein Bedürfnis nicht erfüllt hat. Ein großes Problem ist ein Wutanfall darüber, dass ein anderer Mensch etwas nicht so getan hat, wie du es wolltest, um dein Bedürfnis zu erfüllen, obwohl es doch seine Aufgabe war und er einzig und allein zu diesem Zweck auf der Welt ist. Wenn er sich nur an den Plan halten würde, dann hättest du das Problem nicht. Worauf ***wartet er*** also?

Um ein besseres Verständnis dafür zu ermöglichen, was Angriff ist, zeige ich in diesem Kapitel sowohl Prinzipien des Unterbewusstseins als auch Prinzipien der emotionalen Reife auf. Wenn man sie gemeinsam anwendet, bringen sie Erfolg im Leben und in Beziehungen. Jede Emotion ist sowohl eine Verstimmung als auch eine Klage darüber, dass jemand dein Bedürfnis nicht erfüllt hat. Dabei besteht ein Unterschied zwischen negativen Emotionen und positiven Gefühlen. Je reifer du wirst, umso seltener verlangst du, dass dein Glück von etwas herrührt, das andere Menschen deiner Meinung nach für dich tun müssen. Glück kommt von innen, wenn du großzügig zum Leben und zu anderen Menschen hinausreichst. Paradoxerweise ist das, was du zu brauchen glaubst, genau das, was du zu geben aufgefordert bist. Für die, die immer noch „bekommen" wollen, ist dieses Prinzip nur schwer zu verstehen. Viele Männer haben mir erklärt, dass es nicht stimmen könne, weil sie ihren Frauen oder Freundinnen „immer und überall" Sex geben würden, ihre Partnerin aber aus irgendeinem Grund nicht entgegenkommend sei. Sie haben nicht verstanden, dass es beim Sex nicht nur um den rein körperlichen Aspekt geht. Es geht darum, sowohl Intimität als auch sexuelle Energie zu geben, um die richtige Stimmung zu schaffen. Wenn du das tust, dann kann es in der Tat „immer und überall" sein.

Fast alle deine Auseinandersetzungen und fast alle Auseinandersetzungen in der Welt werden durch deine Bedürfnisse verursacht. Du verübelst es anderen Menschen, dass sie deine Bedürfnisse nicht erfüllen, verübelst ihnen aber auch, dass sie es tun. Wenn sie deine Bedürfnisse nicht erfüllen, enthalten sie dir etwas vor, und du glaubst, dass du das Recht hast, sie anzugreifen, weil sie dir nicht das geben, „was dir gehört". Wenn sie deine Bedürfnisse erfüllen, wirfst du ihnen vor, dass sie sich um dich kümmern, als wären sie Gott in höchsteigener Person. Du ärgerst dich über deine eigene Bedürftigkeit. „Ich hätte es schon aus eigener Kraft geschafft, wenn ich nur ein wenig mehr Zeit gehabt hätte." Ein Bedürfnis ist äußerst schwer zu erfüllen, weil es von einem gespaltenen Bewusstsein herrührt. Du willst, dass deine Bedürfnisse erfüllt werden, stößt die Menschen gleichzeitig aber fort, weil die Verbundenheit wiederhergestellt würde, wenn du empfängst, die verborgene Seite deines Bewusstseins aber lieber unabhängig bleiben will. Die Strategie deines Egos besteht darin, deine Bedürfnisse erfüllt zu ***bekommen*** oder zu ***nehmen***, was du brauchst, statt es zu empfangen. Auf diese Weise kannst du unabhängig bleiben und vorgeben, empfangen zu haben. Das mit Bekommen und Nehmen verbundene Verhalten führt jedoch dazu, dass andere Menschen von dir abrücken oder dein nehmendes Verhalten zurückweisen. Schmerz in jeder Form zeigt, dass du dem Rat des Egos gefolgt bist, heimlich zu bekommen oder zu nehmen.

Der zweite wichtige Grund, aus dem du kämpfst, ist der, dass du unbedingt Recht haben willst. Du erkennst nicht, dass Verbindung und Integration gefordert sind, wenn du Wahrheit und Frieden finden willst. Nur so kann das Beste beider Seiten sich zu einem neuen, besseren Ganzen vereinen. Auch wenn dein Partner im Unrecht ist, besitzt er die Hälfte der Energie, die das Entstehen eines neuen, besseren Ganzen ermöglicht. Das Beste beider Seiten bringt euch einen Schritt voran. Dein Ego will immer Recht haben, weil es Selbstgerechtigkeit benutzt, um Schuld zu verbergen. Je selbstgerechter jemand ist, umso größer sind die Gefühle der Schuld, die er in sich trägt. Dein Ego will immer, dass der andere sich schuldig fühlt. Das hat zur Folge, dass du urteilst, Schuld zuweist, selbstgerecht handelst und deine Schuld projizierst. Recht-haben-Wollen ist ein Schüsselaspekt des Egos, den es benutzt, um sich zu trennen und überlegen zu fühlen. Dies ist das genaue Gegenteil von Liebe. Wenn du Recht haben musst, gelüstet es dich immer nach einem Kampf. Das Verlangen, Recht zu haben, macht dich verschlossen, unwillig und launisch. Deine Meinung ist gefasst, und das hat zur Folge, dass du weder lernst noch wächst. Du wirst zu einem Dinosaurier, und man kann nur schwer mit dir auskommen.

Der dritte wichtige Grund, aus dem du kämpfst, ist der, dass du gewinnen willst. Wenn du mit deinem Partner in Konkurrenz trittst, dann glaubst du, dass Gewinnen der einzig mögliche Weg ist. Das macht deinen Partner zum Verlierer, was er dir mit Sicherheit übelnimmt. Konkurrenz führt zu Auseinandersetzungen und Machtkämpfen. Wenn du einen Konkurrenzkampf gewinnst, dann verlierst du, denn wenn dein Partner ein Verlierer ist, bezahlst du die Rechnung. Wenn er den Konkurrenzkampf verliert, dann hast du einen Partner, der an Attraktivität verloren hat. Konkurrenz führt in einer Beziehung außerdem zu Leblosigkeit, weil dein Partner sich zurückzieht, um nicht zu verlieren. Dies ist die Hauptursache von Leblosigkeit. Nur Ebenbürtigkeit bringt Erfolg. Sie bringt Dialog, Miteinander und Fluss.

Der vierte wichtige Grund, aus dem du kämpfst, ist der, dass du dich rächen willst. Du hast eine deiner eigenen Schattenfiguren auf einen anderen Menschen projiziert. Dein Ego wird selbstgerecht, und du verschließt dich der

Liebe. Rache ist dein Werkzeug, um nicht nur deine Verluste erträglicher zu machen, sondern auch die Verletzungen und Herzensbrüche, über die du nicht hinweggekommen bist. Dein Wunsch nach Rache ist fast immer unterbewusst, richtet aber großes Unheil an, weil du angreifst, um den vergangenen Schmerz wiedergutzumachen. Rache transformiert den Schmerz aus der Vergangenheit jedoch nicht. Das kann nur Heilung. Du willst Rache für eine Vergangenheit, die es niemals gegeben hat. Dein Schmerz zeigt, wie viel du unterbewusst vor dir selbst verborgen hast. Du begibst dich auf die Suche, um deine Bedürfnisse aus jedem Verlust und jedem Herzensbruch zu erfüllen, den du jemals erlitten hast. Schmerz und Bedürftigkeit zeigen, dass die Trennung, das falsche Verstehen und die Leugnung, die Teil der Verluste waren, noch immer vorhanden sind. Rache macht alles noch schlimmer. Es ist so, wie Jesus gesagt hat: „Alle, die zum Schwert greifen, werden durch das Schwert umkommen."

Eine maßgebliche Form von Rache besteht darin, nicht einfach anzugreifen, sondern dafür zu sorgen, dass du selbst angegriffen wirst, um wegen der Dinge, die dir zugestoßen sind, Schuldgefühle bei einem anderen Menschen auszulösen. Das macht dich ganz sicher nicht glücklich. Rache durch eine Opferrolle erzeugt weiteren Verlust und weiteren Herzensbruch. Was du wirklich vor dir verbirgst, wenn du Rache übst, indem du dich zum Opfer machst, ist die Tatsache, dass du andere Menschen nicht dafür angreifst, was sie getan oder nicht getan haben, sondern dafür, was du getan oder nicht getan hast. Die Opferrolle ist in diesem Fall sowohl eine Form von Angriff und Rache als auch ein Selbstangriff, und alle diese Dinge werden verdrängt.

Der fünfte wichtige Grund, aus dem du so angriffslustig bist, ist der, dass du dich vor dem nächsten Schritt fürchtest. Du kämpfst, weil du Angst davor hast, den nächsten Schritt zu gehen. Der Kampf mit einem anderen Menschen wird zu einer guten Ausrede, nicht vortreten, dich ändern und weitergehen zu müssen. Deine ganze Energie und Aufmerksamkeit steckst du in die Auseinandersetzung statt in die Bereitschaft, ja zum nächsten Schritt zu sagen und ihn zu gehen. Bei einem Kampf benutzen beide Seiten sich gegenseitig, um den nächsten Schritt nicht gehen zu müssen.

Bei einem Kampf bleiben dir viele Dinge verborgen, wie beispielsweise die Tatsache, dass jeder Kampf in der Gegenwart in Wirklichkeit ein alter Kampf aus der Vergangenheit ist, den du nicht überwunden hast. Der alte Kampf hat das Drehbuch für das ganze Ereignis geschrieben, das Verhalten der anderen daran beteiligten Person eingeschlossen. Oberflächlich betrachtet warst du zornig, weil du glaubtest, ihr Verhalten liefe deinen Wünschen zuwider. Du warst aufgebracht oder verletzt darüber, dass sie deine Regeln gebrochen und sich nicht an dein Drehbuch gehalten hat. Auf einer tieferen, unterbewussten Ebene hat sie jedoch genau das verborgene Drehbuch ausagiert, das du geschrieben hast, um deine Wut auszulassen, deine Schuld zu projizieren oder den nächsten Schritt nicht zu gehen. Jedes schmerzhafte Ereignis im Leben zeigt Orte in deinem Bewusstsein, an denen du Dinge vergraben hast. Wenn du ein Ereignis voll und ganz verstehen würdest, dann gäbe es keine Kämpfe und auch niemanden, dem du eine Schuld zuweisen müsstest, nicht einmal dir selbst.

Wahrnehmung auf tieferen Ebenen zu verbergen führt zu einem Kampf mit dir selbst. Dein Bewusstsein und dein Unterbewusstsein sind uneins. Manchmal hadern auch zwei Aspekte deines Unterbewusstseins miteinander und mit deinem Bewusstsein. Du willst zwei verschiedene Dinge. Es ist, als würde ein Bein in eine Richtung laufen, um ein bestimmtes Bedürfnis zu erfüllen, während das andere Bein in eine andere Richtung läuft, und beide wollen ihren Willen durchsetzen. Das führt zu vielen Konflikten und bringt wenig Erfolg. Wenn du in einen Kampf verwickelt bist, bringst du nicht viel fertig, weil du besessen und abgelenkt bist. Das vergrößert deinen Stress.

Den meisten Menschen, mit denen du in einen Kampf verwickelt bist, hast du auf einer Seelenebene versprochen, dass du sie vor sich selbst retten würdest. Du kannst ihnen nicht helfen, wenn du urteilst, angreifst oder dich zurückziehst. Es ist Teil deiner Lebensaufgabe, anderen Menschen zu helfen, statt gegen sie zu kämpfen. Diese Einstellung der Hilfsbereitschaft befreit dich von der Schuld und der Sünde, den Emotionen und den Glaubenssätzen, die sich unter einem Kampf verbergen. Deine Hilfe heilt andere Menschen von negativen Emotionen, und sie befreit dich von den falschen und äußerst zerstörerischen Konzepten der Schuld und der Sünde, die deiner Meinung nach unverzeihlich sind. So wird euch allen geholfen. Wenn du bereit bist, dich für das, was du in einem anderen Menschen gesehen hast, nicht zu verurteilen, dann seid ihr beide frei und helft außerdem der Welt.

Unter jedem Kampf mit einem anderen Menschen verbirgt sich der Kampf mit dir selbst. Derjenige, mit dem du kämpfst, agiert lediglich deine unbewussten Selbstkonzepte aus. Jeder Kampf mit einem anderen Menschen zeigt, dass du mit dir selbst und deiner geistigen Wesensnatur kämpfst. Er zeigt auch deinen Kampf mit Gott, der auf der tiefsten Ebene des Unbewussten verborgen ist, weil du den Verlust dessen fürchtest, was du von der Welt zu bekommen versuchst. Du gibst sprichwörtlich den Himmel auf Erden und den Himmel selbst auf, um nach dem Flitter und Tand der Welt zu streben, von dem du dir eingeredet hast, er könne dich glücklich machen und retten. Du gibst eine Welt der Liebe zugunsten einer Welt der Angst auf. Kämpfe lenken dich von diesen tieferen Bewusstseinsebenen ab, die, wenn sie ans Tageslicht gebracht würden, dir die Möglichkeit gäben, eine neue Entscheidung zu treffen. Kämpfe hindern dich daran, den nächsten Schritt zu gehen. Die Dinge, die dir ein Kampf deinem Ego zufolge einbringt, willst du in Wirklichkeit nicht haben. Kämpfe machen dein Ego stark und dich schwach, und es sind die Schwachen, die angreifen. Sei kein Kämpfer, sondern ein Liebender. Du bist deutlich glücklicher und lebst deutlich länger.

Lektion 47

Emotionen zeigen eine Opferhaltung

Eine Emotion bedeutet, dass du aufgebracht bist. Sie bekundet, dass diese Erfahrung dir aus heiterem Himmel zugestoßen ist und du keine Verantwortung dafür trägst. Sie bekundet zumindest unterbewusst, dass ein anderer Mensch die Schuld daran trägt, dass du in dieser Weise leidest. Opfer zu sein bedeutet genau das: jemand anderem die Schuld an dem geben, was dir widerfährt. Doch auch dann, wenn dein geheimes Einvernehmen nicht im Unterbewusstsein verborgen wäre, sind deine Emotionen deine Verantwortung und spiegeln Entscheidungen wider, die du getroffen hast. Dazu zählt auch das falsche Verstehen dessen, was der andere tut oder was das Ereignis bedeutet, denn eine Emotion sagt aus, dass du etwas falsch verstehst. Der Grund liegt darin, dass es dich schmerzt, wenn du erkennst, dass andere Menschen das tun, was du selbst tust. Du projizierst deine Muster auf sie. Dazu gehört auch, dass du sie zum „bösen Buben“ machst, weil du sie als Ausrede benutzt, um dich deiner Angst vor Erfolg und Nähe, vor deiner Lebensaufgabe und deiner Bestimmung nicht stellen zu müssen. Dein Urteil, das dazu dient, deine Schuld zu verbergen, versucht, die Schuld jemand anderem in die Schuhe zu schieben, aber es gibt keine schmerzhafte Erfahrung, die nicht mit einem Urteil verbunden ist. Wenn du also einen anderen Menschen zum „bösen Buben“ machst, dann ist das für dich selbst ebenfalls mit einem hohen Maß an Schmerz verbunden.

Wäre Heilung dein Ziel, würdest du alles, was in dir hochkommt, nicht als Hindernis für den Frieden, sondern als Mittel zum Frieden benutzen.

Lektion 48

Eine Emotion verkündet, dass es einen „bösen Buben“ gibt

Eine Emotion verkündet, dass es einen „bösen Buben“ gibt. Selbst scheinbar unzusammenhängende Zufälle rühren von unserem Urteil her. Schuld verkündet, dass du der „böse Bube“ bist, aber du benutzt diese Schuld auch, um aufsässig zu sein und gegen Gott und den Himmel zu kämpfen. Du hast Angst zu verlieren. Du fürchtest dich davor, die Kontrolle zu verlieren oder die Welt zu verlieren, von der du noch etwas bekommen willst. Schaue dein Leben an. Ist der Weg, den du gehst, wirklich das, was du willst? Willst du stattdessen nicht lieber die Wahrheit wissen?

Verletzung, Herzensbruch und Rache sind in ihren Schuldzuweisungen recht deutlich. Verlust, Bedürfnisse und Gefühle der Verlassenheit sind unwesentlich subtiler. Du beschuldigst andere Menschen, dich selbst und Gott für die Verluste, die Bedürfnisse und Angst erzeugen. Andere Emotionen, die vermeintlich durch äußere Geschehnisse hervorgerufen werden, stellen eine versecktere Form der Schuldzuweisung dar. Ungeachtet dessen, was ein anderer Mensch tut, kannst du dich jedoch nur dann von ihm verlassen fühlen, wenn du ihn aufgibst und den Kontakt zu ihm abbrichst.

Jede Emotion ist mit einer Opferhaltung verknüpft, und unsere Emotionen verkünden: „Schau, was du mir angetan hast!“ Auch wenn es dir nicht bewusst ist, steckt dein Unterbewusstsein voller Schuldgefühle und Schuldzuweisungen, die zusammen einen Teufelskreis bilden. Diese Verurteilung setzt ein Muster in Gang und lädt entweder andere „böse Buben“ dazu ein, dich zu missbrauchen, oder liefert dir die Ausrede, die du brauchst, um dasselbe mit anderen Menschen zu tun. Eine Emotion ist somit ein Angriff auf andere Menschen und zugleich ein Angriff auf dich selbst.

Der Schlüssel besteht hier darin, die Emotion nicht zu dissoziieren oder sie abzuwehren, sondern jede Verstimmung als einen Hinweis darauf zu nutzen, dass du aufgerufen bist, an deiner Heilung zu arbeiten, dir und anderen Menschen zu vergeben und Frieden zu finden. Frieden ist fruchtbar. Er lässt Kreativität, Fülle, Liebe und Freude entstehen. Anstelle von Schmerz und Verstimmung könntest du dich für den Frieden entscheiden.

Lektion 49

Schmerz und Emotionen sind der Preis, den du für die Trennung zu zahlen bereit bist

Schmerz und Emotionen sind der Preis, den du für die Trennung zu zahlen bereit bist. Dein Ego rührt von Trennung her. Es ist eine Identität, die du aus den Bruchstücken der Trennung erschaffen hast. Das Ego giert immer nach Trennung und nach den Urteilen, die dich trennen, die dich über oder unter einen anderen Menschen stellen, um sicherzugehen, dass nur ja keine Ebenbürtigkeit entsteht, die das Ego auflösen würde.

Dir mag es so vorkommen, als sei das, was andere Menschen tun, der Grund dafür, dass du dich von ihnen trennst, aber das ist deine Ausrede. Der Hang zur Trennung war vorhanden, weil du die Emotionen, die von Trennung herrühren, aus früheren Spaltungen bereits in dir getragen hast.

Trennung oder Heilung ist die Wahl, vor der du stehst, wenn Emotionen in dir hochkommen. Wie deine Emotion beweist, ist bereits Trennung geschehen, aber du kannst immer noch zwischen Heilung einerseits oder Opferhaltung und Trennung andererseits wählen. Das Ziel ist nicht Gefühllosigkeit, sondern Frieden, verbunden mit dem Glück, das er erzeugt. Wenn Trennung geschieht, dann hast du dich für sie entschieden, und das bringt den Schmerz der Emotionen mit sich. Wenn du dich für die Heilung entscheidest, geschieht Befreiung. Jeder Schmerz, der mit der Heilung einhergeht, verwandelt sich in ein bittersüßes Gefühl, sobald Heilung geschieht.

Wenn du dich jedoch von einem anderen Menschen zurückziehst und sein negatives Verhalten als Grund dafür angibst, dann bedeutet das, dass du bereit bist zu leiden. Wenn deine Bewusstheit groß genug wäre, würdest du erkennen, dass sein Verhalten *deine* Entscheidung war, *damit du dich von ihm zurückziehen konntest.* Dein Unterbewusstsein erzählt eine vollkommen andere Geschichte als die, die du dir selbst und anderen Menschen erzählst. Anstelle des Schmerzes, der mit den Ereignissen in deinem Leben einhergeht, könntest du Frieden haben. Du könntest dich verbinden, statt dich zu trennen. Du könntest helfen, statt zu urteilen. Du könntest Brücken bauen, statt dich zurückzuziehen. Du könntest an deiner Heilung arbeiten, statt die inneren Konflikte zu verschärfen. Du könntest die Verantwortung übernehmen, statt Opfer zu sein. Du könntest vergeben und stattdessen Frieden und Freundschaft erfahren. Du hättest die Gabe, die du in dir trägst, und die innere Gabe des Menschen, von dem du dich getrennt hast, gemeinsam mit der Gnade und der Liebe Gottes annehmen können, die für alle Menschen segensreich sind.

Finde die Ereignisse in deinem Leben, bei denen du dich für die Trennung entschieden hast, und triff dann eine neue Entscheidung, die Heilung und Glück willkommen heißt.

Lektion 50

Verlust rührt von einer Entscheidung her

Verlust kann von Wunschträumen herrühren: „Ich frage mich, was passieren würde, wenn … verdammt!“ Verlust kann von einem gespaltenen Bewusstsein herrühren, das bewirkt, dass du das, was du verloren hast, nicht uneingeschränkt wertschätzt. Vielleicht wertschätzt du auch dich selbst nicht uneingeschränkt und kannst deshalb andere Menschen nicht uneingeschränkt wertschätzen. Vielleicht hast du etwas oder jemanden verloren, weil in der geheimen Geschichte, die du geschrieben hast, der Verlust dir Unabhängigkeit gibt. Doch welchen Preis hast du für alle deine Verluste bezahlt? Unter dem Strich verlierst du etwas, weil du dich dafür entscheidest, es zu verlieren, sei es, weil du dich seiner nicht würdig fühlst, weil du versuchst, eine Schuld zu tilgen, weil du dich vor dem nächsten Schritt fürchtest, um dich an einem anderen Menschen zu rächen oder um etwas zu beweisen, das du als Teil eines Machtkampfs benutzt. Du glaubst, durch den Verlust, den du erleidest, etwas zu gewinnen, etwas, das glitzert, aber nicht das Gold der Verbundenheit ist. Du glaubst, durch den Schmerz, den du erleidest, etwas zu gewinnen. Er erfüllt einen bestimmten Zweck, indem er beispielsweise deinem Bedürfnis nach Aufmerksamkeit, Mitleid oder Besonderheit dient. Heilung geschieht, wenn du erkennst, worin deine heimliche Belohnung besteht, und dir bewusstmachst, dass das, wovon du glaubtest, es habe einen Wert, in Wahrheit wertlos ist und dass deine Position der Schwäche, die du für Stärke hieltest, dich auf Abwege gebracht hat. Diese Erkenntnis hat zur Folge, dass du nicht länger bereit bist, dich in eine Position zu begeben, in der du leidest. Du wirst dir der Illusionen bewusst, in die du investiert hast, und gibst sie auf. Du gehst über das Leiden hinaus.

Auf einer bestimmten Ebene weist ein Verlust dich darauf hin, dass du in etwas außerhalb deiner selbst investiert hast, auf das du angewiesen warst, um deine Bedürfnisse erfüllt zu bekommen. Der Verlust der Sache, der du verhaftet warst, hat dazu geführt, dass du leidest. Verlust bedeutet, dass das Leben dich zu einem Neuanfang drängt, bei dem du auf das vertraust, was in dir liegt, damit du teilst, statt bekommen zu wollen.

Ausschlaggebend ist jedoch, dass du dich dafür entscheidest, einen Verlust zu erleiden. Du tust es, um noch unabhängiger zu werden und um einen anderen Menschen und dich selbst anzugreifen. Darüber hinaus gibt es jedoch noch eine weitere persönliche Belohnung, von der du glaubtest, sie sei ein Gewinn, den dir dein Schmerz bringen würde. Um dich selbst zu heilen, musst du erkennen, dass alles, was dein Verlust dir deiner Meinung nach bringen würde, schlicht unwahr ist. Der Zweck, dem er gedient hat, die Belohnung, für den er benutzt wurde, ist falsch. Nichts von Wert kann daraus gewonnen werden angesichts der Tatsache, dass du den nächsten Schritt auch ohne Verlust hättest gehen und diese Lektion auch auf mühelose Weise hättest lernen können. Deine Verluste stehen für einige der schlimmsten Rückschläge, die du im Leben erlitten hast. Es ist an der Zeit, das zu sehen und zu erkennen, was dein Verlust dir deiner Meinung nach einbringen sollte. Worin besteht die Belohnung, die du mithilfe des Verlustes zu bekommen glaubtest? Du glaubtest, der Preis, den du dafür zahlst, sei gering, aber du hast deinen Irrtum rasch erkannt.

Erkenne, wofür du dich entschieden hast. Befreie dich von deiner falschen Entscheidung und deiner falschen Investition. Wenn dir die Antwort nicht sofort intuitiv in den Sinn kommt, frage dich: „Was glaubte ich durch diesen Verlust zu gewinnen?“ Verweile bei der Frage, bis die Antwort sich einstellt. Dann zeigt sich, dass das, was du zu gewinnen hofftest, ein Fehler war, und du kannst es einfach loslassen, wenn du den Selbstangriff aufgibst, dessen sich das Ego zu bedienen versucht.

Lektion 51

Aufopferung ist der Fluch unseres Daseins

Leiden führt immer zu einem Verlust von Verbundenheit. Das hat zur Folge, dass du emotional erstarrt und in dem Alter, in dem das Ereignis stattgefunden hat, unbewusst und ohne emotionale Reife steckengeblieben bist. Du bist immer noch in den Emotionen gefangen, die im Augenblick deiner Verwundung in dir hochgekommen sind. Viele dieser Verletzungen sind in der frühen Kindheit oder sogar im Mutterleib geschehen, und das Ego hat sie benutzt, um deine Identität aufzubauen. Du opferst dich auf und arbeitest hart, um dieses junge Selbst und deine Gefühle der Unzulänglichkeit zu kompensieren. Du opferst dich auf, kannst den Lohn für deine harte Arbeit aber nicht empfangen. Alles, was hereinkommt, zehrt der Stress auf, der daher rührt, dass du tust und gibst, ohne zu empfangen. Harte Arbeit als Kompensation ist ein Abwehrmechanismus, sodass du keinen echten Nutzen daraus gewinnst, weil das, was trotzdem hereinkommt, benutzt wird, um den Abwehrmechanismus intakt zu halten.

Aufopferung beruht auf einem alten Urteil über jemanden, der sich deiner Meinung nach nicht um dich gekümmert hat. In Wirklichkeit warst du derjenige, der ihn zu Unrecht beschuldigt hat, statt ihm zu helfen. Seit dieser Zeit ist dein Leben von harter Arbeit geprägt. Die Rüstung der Aufopferung erschöpft dich und verhindert den Kontakt, der Erfolg, Nähe und Fluss bringen würde. Das entspricht den Wünschen deines Egos, denn wenn du den nächsten Schritt gehst, beginnen seine Mauern zu schmelzen. Dich unter dem Deckmäntelchen der Aufopferung zu verstecken ist die Unehrlichkeit des gespaltenen Bewusstseins. Es rührt daher, dass du einen anderen Menschen zu Unrecht beschuldigt hast, um dich verstecken zu können. Es rührt von den Gefühlen der Unwürdigkeit, des Versagens und der Schuld her, die Aufopferung kompensieren soll, was ihr jedoch niemals gelingen kann.

Aufopferung wird benutzt, um anzugreifen. Sie birgt eine der Formen, die Ärger annehmen kann, nämlich Rückzug. Du tust Dinge für andere Menschen, ohne dich selbst einzubringen. Du erhältst deine Schutzmechanismen aufrecht. Deine Aufopferung kann zum Burnout führen, verbirgt jedoch erfolgreich deine Angst vor dem nächsten Schritt. Das Ego benutzt alle Formen von Aufopferung, zu denen Verschmelzung, Co-Abhängigkeit und Gefühle des Versagens und der Schuld gehören. Sie verbergen deine Angst und Unwürdigkeit, um zu verhindern, dass du eine Partnerschaft eingehst und dich weiterentwickelst. Mit der Rolle der Aufopferung gehen immer die Rolle der Bedürftigkeit bzw. des Opfers sowie die Rolle des Rebellen einher, bei der es sich in Wirklichkeit um Dissoziation handelt. Das bedeutet, dass du ungeachtet der Tatsache, dass du tust, was du willst, weder fühlen noch genießen kannst und daher allmählich dein Herz verlierst. Dies sind klassische Formen der Aufopferung. Sie verbergen die Schuld, die ihrerseits die Angst verbirgt. Wenn du dich aufopferst, dann ist all dies im Unterbewusstsein am Werk.

Aufopferung ist eine emotionale Falle, die eine ständige Bürde auf deinen Schultern ist. Du benutzt sie, um Nähe und Fluss aus dem Weg zu gehen und um die Gnade und den Himmel zu leugnen. Das Ego benutzt Aufopferung, um sich mit einem dunklen Glanz zu umgeben und die Aufmerksamkeit zu bekommen, die von Problemen herrührt. Aufopferung verbirgt deine Lebensaufgabe und deine Bestimmung vor dir und tut so, als gäbe es weder Partnerschaft noch den Himmel und als müsstest du alles aus eigener Kraft schaffen. Wenn du dich bei solchen oder ähnlichen Gedanken oder Gefühlen ertappst, dann hat das Ego dein Leben an sich gerissen und will dir weismachen, dass Unabhängigkeit die einzige Option ist, die dir bleibt. Du hast dein Leben so eingerichtet, als sei sie tatsächlich die einzige Option.

Aufopferung, Unwürdigkeit, Versagen und Schuld bilden einen Teufelskreis. Alle Rollen sind eine Form von Aufopferung, weil sie geben und Dinge tun, sich in ihr Tun aber nicht selbst einbringen und nicht zulassen, dass du empfängst. Aufopferung ist nicht authentisch. Sie trägt eine Maske und eine Rüstung in der irrigen Absicht, dich zu schützen und unentbehrlich zu machen.

Aufopferung hält dich in einer unwahren Vergangenheit fest und lässt dich glauben, du müsstest die Zukunft auf deinen Schultern tragen.

Aufopferung wird als Liebe gepriesen, ist aber eine Form von Selbstangriff. Alles, was durch Aufopferung erreicht wurde, hätte auch durch wahres Geben ohne Aufopferung erreicht werden können. Aufopferung ist eine unterbewusste Schuldzuweisung, die konstatiert, dass dich jemand vernachlässigt hat. Du hast diese Täuschung und Selbsttäuschung als Ausrede benutzt, als eine Verschwörung gegen deine Lebensaufgabe, weil du Angst hattest und dich unzulänglich gefühlt hast. Aufopferung ist eine Form von Selbstmitleid, die sich als Verantwortung maskiert, in Wirklichkeit aber die Entscheidung ist, dich zu verstecken und eine Ausrede dafür zu haben, dass du nicht in Erscheinung trittst. Du beschuldigst einen anderen Menschen, der deine Hilfe und Unterstützung gebraucht hätte, und bist nun in einem Leben gefangen, das von Aufopferung und Unglücklichsein geprägt ist.

Lektion 52

Eine aufrichtige Entschuldigung kann viel bedeuten

Wenn du einen Fehler machst, ist es wichtig, dich nicht zu verteidigen, zu rechtfertigen oder Ausreden zu liefern. Das Eingeständnis, einen Fehler gemacht zu haben, gibt deinem höheren Bewusstsein die Möglichkeit, ihn zu berichtigen. Ebenso wichtig ist es, dich bei deinem Partner oder bei den Menschen in deiner Umgebung für die Fehler zu entschuldigen, die du gemacht hast und die ihnen in irgendeiner Form Unannehmlichkeiten bereitet oder Leid zugefügt haben. Eine Entschuldigung heißt nicht, dass du schuldig oder „schlecht" bist. Sie heißt nicht einmal unbedingt, dass du einen Fehler gemacht hast, sondern nur, dass es dir leid tut, dass du damit jemanden verletzt hast. Auch wenn es nicht dein Fehler war, dass jemand in deiner Umgebung verletzt wurde oder in Schwierigkeiten geraten ist, drückt eine aufrichtige Entschuldigung Liebe und Besorgnis aus: „Es tut mir leid, dass du leidest." „Es tut mir leid, dass du einen schlechten Tag hast." Eine aufrichtige Entschuldigung bietet Verständnis, Anerkennung und Mitgefühl an. Sie reicht voller Zärtlichkeit hinaus und zeigt, dass es dich kümmert, wie es einem anderen Menschen geht.

Eine aufrichtige Entschuldigung kann für die Menschen in deiner Umgebung viel bedeuten. Eine unaufrichtige Entschuldigung dient niemandem. Mangelnde Aufrichtigkeit führt dazu, dass du das Vertrauen der Menschen und die Verbindung zu den Menschen verlierst, bei denen du dich entschuldigt hast. Entschuldigungen bauen Brücken, und alles, was sich mit dir verbindet, trägt zu deiner Heilung bei. Benutze Entschuldigungen also nicht, weil sie erwartet werden. Spüre die Menschen und ihren Wert. Benutze Worte, um dein Herz in Mitgefühl zu ihnen hinausreichen zu lassen.

Lektion 53

Der weit verbreitete Fehler der Aufopferung

Niemand außer dir selbst – weder deine Familie, noch dein Lebensumfeld, noch dein Partner – verlangt von dir, dich aufzuopfern, auch wenn es vielleicht so scheinen mag. Du opferst dich auf, um etwas zu beweisen. Du willst zeigen, dass du ein guter Mensch oder einer bestimmten Sache würdig bist. Aufopferung ist jedoch eine Kompensation für Gefühle der Schuld und des Versagens, die dich von dir selbst, von anderen Menschen, vom Erfolg sowie von deiner Fähigkeit zu fühlen trennen. Das führt dazu, dass du nicht mehr im Fluss bist und nicht mehr empfangen und genießen kannst.

Das Ego weiß Aufopferung zu schätzen, weil sie ein Abwehrmechanismus ist, der Gefühle von Schuld und Versagen als Bausteine des Egos aufrechterhält. Aufopferung ist ein Panzer, mit dem du dich umgibst und der dich immer stärker einengt und stranguliert, je älter du wirst und je größer die Bürden werden, die du mit dir herumträgst.

Die Rollen der Aufopferung, der Unabhängigkeit und des Opfers bilden ein unheilvolles Dreigestirn, das versucht, verlorene Verbundenheit wettzumachen, was ihm allerdings niemals gelingt. Das Maß deiner Aufopferung entspricht dem Maß deiner Einsamkeit, doch du versuchst, die Einsamkeit auszumerzen, indem du noch härter arbeitest und immer beschäftigt bist. Das funktioniert aber nicht, denn sobald du das Tempo drosselst, stellen Depression, Erschöpfung und Leere sich ein. Aufopferung ist eine Möglichkeit, getrennt zu bleiben und dich deiner Angst vor Nähe, Erfolg oder dem nächsten Schritt nicht stellen zu müssen, weil du glaubst, damit nicht umgehen zu können, und fürchtest, Unabhängigkeit und Kontrolle zu verlieren. Aufopferung ist eine ständige Nahrungsquelle für die Rolle der Unabhängigkeit und die Opferrolle. Du erschöpfst dich allmählich aufgrund der Tatsache, dass du ohne Belohnung bleibst, und deine Erschöpfung wird noch verstärkt durch die Leblosigkeit und den Burnout, die eine Folge der Aufopferung sind.

Würdest du wollen, dass dein Kind in eine psychologische Falle gerät, die es daran hindert, dir nahe zu sein oder die Belohnung für das zu empfangen, was es gibt? Um wie viel weniger, glaubst du, würde Gott wollen, dass es dir geschieht? Ungeachtet dessen, was manche Religionen dir weismachen, will Gott nicht, dass irgendeines seiner Kinder sich aufopfert. Wie könnte die Liebe selbst, die höchste Intelligenz wollen, dass jemand in eine psychologische Falle gerät? Es passt nicht zusammen. Es muss eine Projektion auf Gott sein. Aufopferung tut so etwas. Sie suggeriert, dass du dich wegen eines anderen Menschen aufopfern musst. Jede Aufopferung verbirgt einen Groll, der mit Vernachlässigung zu tun hat. Auf einer bestimmten Ebene erklärst du deinen Eltern, deinem Partner oder einem anderen Menschen: „So hättest du es machen müssen!" Deine Aufopferung zeigt, wie es richtig gewesen wäre.

Aufopferung erklärt: „Ich verliere jetzt, um später zu gewinnen." Sie erklärt auch: „Ich bin in Wirklichkeit der bessere Mensch. Schau nur, wie sehr ich mich aufopfere. Ich bin moralisch überlegen und stehe über dir." Aufopferung ist wie alle Rollen in Konkurrenz gefangen. Konkurrenz führt zu Kampf, Leblosigkeit und Rückzug in Beziehungen und im Leben.

Der Preis der Aufopferung ist eine Illusion. Aufopferung macht dich blind für die Lektion, die verhindert hätte, dass du leidest und dass die Menschen, die du liebst, leiden. Die Botschaft der Aufopferung ist Unerfülltheit: „Suche, aber finde nicht." Sie lautet: „Arbeite hart, aber empfange nicht." Der Himmel verlangt nicht, dass du dich aufopferst. Er verlangt nur, dass du den Angriff opferst, mit dem du dich selbst und andere Menschen kreuzigst. Aufopferung ist so weit verbreitet, dass die Menschheit sie schon seit Jahrtausenden mit Liebe verwechselt. Erst wenn du zum Stadium der Vereinigung gelangst, dem letzten Stadium vor dem Einssein, befreist du dich von dieser bösartigen Falle. In dem Maße, in dem dein Bewusstsein wächst, gelingt es dir jedoch zunehmend, dich selbst und andere Menschen immer weniger durch Aufopferung zu sabotieren. Wenn du die Lektion lernst und Aufopferung als Lebenseinstellung aufgibst, wirst du zu der Pforte, die nicht nur die Menschen, die du liebst, sondern auch viele andere Menschen von ihrer Aufopferung und dem befreit, was sie kreuzigt.

Lektion 54

Emotionen rühren von einer Fehlinterpretation her

Emotionen rühren von einer Fehlinterpretation her. Eine Emotion ist eine Illusion, die durch eine Interpretation dessen entsteht, was tatsächlich vor sich geht. Sie beruht nicht auf dem, was geschieht, sondern auf einem Urteil, das du über eine Situation oder ein Ereignis gefällt hast. Wenn eine Emotion – die von der geringfügigsten Irritation bis zur schwersten Depression reichen kann – in dir hochkommt, bist du aufgrund deiner Sicht auf die Situation nicht nur aus deiner Mitte geraten, sondern auch vom Weg abgekommen.

Jede Emotion ist ein Aufschrei, dass jemand schuldig ist, weil er dich dazu gebracht hat, etwas zu fühlen, das du nicht fühlen wolltest. Diese Interpretation bedarf der Berichtigung. Was von einem Urteil herrührt, kann einfach nicht wahr sein. Du bist aufgerufen, nach innen zu gehen und auf dein höheres Bewusstsein zu hören, wenn es darum geht, wie du etwas oder jemanden sehen und auf eine Situation, ein Ereignis oder einen anderen Menschen eingehen sollst. Wenn dein Leben der Himmel auf Erden sein soll, ist es von entscheidender Bedeutung, jede Emotion als Möglichkeit zur Kurskorrektur zu nutzen, um auf den richtigen Weg zurückzugelangen. Wenn du dich dieser Absicht verschreibst, dann kannst du alle Fallen überschreiten, die dein Ego benutzt, um dich zurückzuhalten. Außerdem ertappst du dich dabei, wenn du Emotionen in Bereichen rechtfertigst, in denen du normalerweise keine heilende Haltung einnimmst, wie etwa im Beruf oder im Geschäftsleben. Und wenn du um deine eigene Unschuld weißt, nimmt deine Fähigkeit, den Menschen in deiner Umgebung zu helfen und ihnen die Hilfe des Himmels sowohl direkt als auch durch dich zuteilwerden zu lassen, exponentiell zu. Wenn du unschuldig bist, gibt es niemanden, den deine Vergebung nicht zu heilen vermag. Benutze deine Emotionen als Hinweis auf die Lebensbereiche, die einer Kurskorrektur bedürfen. Es steht dir nicht zu, über andere Menschen zu urteilen, es sei denn, dass du selbst in gleicher Weise beurteilt werden willst, denn wenn du über andere Menschen urteilst, dann urteilst du über dich selbst. Es steht dir zu, dich zu berichtigen, damit du zur Erfahrung von Befreiung und Freude zurückkehren kannst.

Erkenne also, dass eine Emotion eine falsche Interpretation ist. Benutze sie, um innere Führung zu erbitten, damit du den Fehler in deinem Geist berichtigen kannst. Wenn du Frieden und Einfühlsamkeit wiedergefunden hast, kannst du durch Vergebung die Menschen in deiner Umgebung befreien, die dir geholfen haben, das zu finden, was in dir der Heilung bedurfte.

Lektion 55

Emotionale Erstarrung

Jede Verletzung oder traumatische Erfahrung, die du in der Vergangenheit erlitten hast, hat dich emotional erstarren lassen. Das hat neben der eigentlichen Verletzung ein weiteres Problem zur Folge, denn ein Teil deiner selbst wird nun nicht erwachsen. Ein Teil deiner selbst tritt auf der Stelle und ist emotional unreif. So kann es zum Beispiel sein, dass du ein dreijähriges Kind in dir trägst, das einen Herzensbruch erlitten hat, und manchmal hat dieses dreijährige Kind das Sagen, wenn es um deine Beziehungen, Erfolg oder deine Lebensaufgabe geht. Dieses Kind kann unmöglich erfolgreich sein. Es kann einen Wutanfall bekommen, zum Tyrannen werden oder seinen Willen fordern, aber letztendlich verursacht es dir nur weitere Probleme.

Wenn jemand in deiner Umgebung sich unreif verhält, frage dich, wie alt das verwundete Selbst ist, das er in sich trägt, und lasse Liebe in es einströmen. Wenn es genügend Liebe empfängt, wächst es heran und verschmilzt wieder mit dem betreffenden Menschen, sodass durchschnittene Drähte in seinem Herzen, seinem Geist und seinem Körper wieder neu verbunden werden. Auch wenn du aufgebracht bist, lebt ein Teil deiner selbst emotional nicht in der Gegenwart. Du agierst etwas aus, das mit der Vergangenheit zu tun hat. Frage dich, wie alt das betreffende Selbst ist, und lasse deine Liebe in es einströmen, bis es integriert ist. Jedes große Problem und jeder Mangel geht mit dieser inneren emotionalen Erstarrung einher, aber wenn du sie erkennst, kannst du sie mühelos verändern und auf neue Ebenen des Erfolges führen.

Lektion 56

Du siehst nur, was du selbst zu sein glaubst

Du siehst nur, was du zu sein glaubst. Wahrnehmung ist ein Spiegel, keine Tatsache. Was du in deiner Welt siehst, zeigt dir, was du über dich selbst glaubst. Wenn du über dich selbst urteilst, dann spaltest du das Urteil ab, verdrängst es und projizierst es nach außen auf die Welt. Du schaust nach draußen und siehst dich selbst im Spiegel der Welt. Du jagst Dingen in der Welt nach, aber das ist so, als würdest du dem nachjagen, was du von dir selbst abgespalten hast und von dem du behauptet hast, so nicht zu sein. Das führt dazu, dass du dich hilflos und bedürftig fühlst. Wenn du also versuchst, von einem anderen Menschen oder von der Welt etwas zu bekommen, dann willst du es, willst es gleichzeitig aber auch nicht. Diese Zwiespältigkeit kann zur Folge haben, dass du danach strebst, bis du es schließlich so sehr haben willst, dass du es bekommst. Wenn du es bekommen hast, bringen dein Selbsturteil, deine Schuld und deine Wertlosigkeit, die immer Hand in Hand gehen, dich nach einer Weile jedoch dazu, das, was du hast, nicht uneingeschränkt wertzuschätzen, sodass es passieren kann, dass du es wieder verlierst.

Du siehst das, was du selbst zu sein glaubst. Deine Selbstkonzepte, die auf unterbewussten und unbewussten Ebenen versteckt liegen, sorgen dafür, dass du eine Welt der Trennung siehst. Du siehst dich selbst in der überlegenen Position – wenn schon in keiner anderen, dann zumindest in moralischer Hinsicht – oder glaubst, unter anderen Menschen zu stehen, wenn du nicht über ihnen stehen kannst. Du siehst nur den „Mann im Spiegel“, und wenn du die Welt verändern willst, dann musst du bei dir selbst anfangen. Genau deshalb ist Vergebung so wichtig, denn sie hilft nicht nur anderen Menschen, sondern auch dir selbst. Je mehr du vergibst, umso wohlmeinender wird die Welt. Wenn du dein Urteil in die Hände des Himmels legst, dann zeigt er dir einen Weg voran, der dich und die Welt unschuldig sein lässt.

Es ist wichtig, den Spiegel zu reinigen und zu polieren, statt ihn mit Dreck und Steinen zu bewerfen. Verantwortung für die Welt zu übernehmen, in der du lebst, gibt dir deine Macht zurück und verzichtet auf den Teufelskreis aus Urteil und Schuld, der von zerstörter Verbundenheit herrührt.

Übernimm heute die Verantwortung für dein Leben. In dem Maße, in dem du dir selbst, anderen Menschen und der Welt bereitwillig vergibst, wirst du eine bessere Welt sehen.

Lektion 57

Emotionen als die Abwesenheit Gottes

Emotionen zeigen eine Trennung. Sie zeigen einen Ort, an dem du dich von der Liebe abgewandt und in die zu Eis erstarrten Felder der Angst hineinbegeben hast. Emotionen zeigen einen Ort, an dem du dich vom Licht abgewandt hast. In diesem Augenblick hast du Gott vergessen. Gott ist die Erinnerung an Liebe und Licht. Sie vereinigt, wo du urteilst. Auf dem Weg zu deinem wahren Selbst bringt sie dich deinem wesentlichen Selbst immer näher. Wenn du die Emotion heilst, die in der Gegenwart in dir hochgekommen ist, heilst du gleichzeitig auch einen Teil der Emotionen aus der Vergangenheit, die du in deinem Körper gespeichert hast, weil sie dir als Ausrede dienen, um unabhängig sein, dich verstecken und kontrollieren zu können. Es ist von entscheidender Bedeutung, deine Emotionen mit all ihrem Schmerz in Gefühle zu verwandeln, die in natürlichem Geben und überfließender Freigiebigkeit von deinem Herzen und deinem Geist zu anderen Menschen hinausreichen.

Eine Emotion kommt in dir hoch, weil du eine Erfahrung machst, die du als ungerecht empfindest. Du erkennst sie nicht als einen Ort, an dem du dich für die Angst anstelle der Liebe entschieden hast. Wenn du an Gott denken würdest, der stets gegenwärtig ist, dann würdest du die Emotion auflösen, die gegen das Unrecht aufbegehrt, das in Wirklichkeit deine Ausrede ist, um Gott zu vergessen und deinen eigenen Weg zu gehen. Du verhältst dich so, als würde Gott das, was dich wirklich glücklich macht, nicht wollen. Dein wahrer Wille und Gottes Wille stimmen vollkommen überein. Dein Ego – das Prinzip der Trennung – hat seinen eigenen Willen und ist nur daran interessiert, seinen Fortbestand zu sichern und seine Macht zu vergrößern. Seine Werkzeuge sind

Schmerz und die Emotionen, die damit verbunden sind. Gott kann nicht abwesend oder ungerecht sein, denn dann wäre er nicht Gott. Er würde seine Zulassung als Gott verlieren. Wenn du dir gestatten würdest, dich an Gott zu erinnern, dann würdest du dich an Liebe, Schönheit und Glück erinnern.

Du kannst zu allen Orten in deinem Leben zurückkehren, an denen du Leid erfahren hast, dich diesmal an Gott erinnern und zulassen, dass seine Gegenwart alle Negativität, alle dunklen Emotionen und die mit ihnen verbundenen Muster auflöst.

Lektion 58

Habgier schickt dein Herz in die Verbannung

Habgier schickt dein Herz in die Verbannung. Dissoziation, um dein Herz zu schützen, ist in Wirklichkeit eine Falle, die das Ego benutzt, um dich von deinem Herzen abzuschneiden, das eine Gefahr für das Ego darstellt. Wenn das passiert, erlebst du Bedürftigkeit, Unabhängigkeit und Leblosigkeit. Du entscheidest dich entweder dafür, dein Herz zurückzugewinnen, indem du die Trennung heilst, die das Bedürfnis hervorruft, oder dafür, dich der Führung des Egos anzuvertrauen und die Leere durch Habgier zu füllen. Gier basiert auf Nehmen, Bekommen und Konsumieren. Da du dein Herz abgeschnitten hast, bekommst du nie genug. Das hat zur Folge, dass deine Gier wächst. Die Dinge, nach denen du strebst, erfüllen dich nicht. Das führt dazu, dass du nach immer mehr von dem strebst, was dich deiner Meinung nach glücklich macht, wie etwa Geld, Macht, Sex, Ruhm, Essen, Schokolade, Reisen oder Liebesabenteuer.

Das, was du haben willst, zu empfangen würde dir Befriedigung bringen, da Empfangen eine Form von Liebe ist und somit die Verbundenheit wiederherstellt. Die Trennung und die damit verbundenen Rollen der Unabhängigkeit, des Opfers und der Aufopferung haben dein Bewusstsein gespalten. Das Ego hat dich dazu überredet, den Preis des Schmerzes zu bezahlen, damit du unabhängig sein und deinen eigenen Weg gehen konntest. Es will nicht, dass du empfängst, und macht dir deshalb weis, **Nehmen** sei die beste Möglichkeit, unabhängig zu bleiben und deine Bedürfnisse erfüllt zu bekommen. Die Erfüllung deiner Bedürfnisse ist aber nur durch Verbundenheit möglich. Du glaubst, ein unabhängiger Lebensstil und die Möglichkeit, deinen eigenen Weg zu gehen, würden dich glücklich machen. Du kannst zwar deinen eigenen Weg gehen und schwelgen, aber du kannst nicht glücklich sein, wenn du dein Herz verloren hast. Dein Herz erlaubt dir, zu fühlen und zu genießen.

Habgier wird zu einem eigenen Teufelskreis. Je mehr du bekommst, umso mehr willst du bekommen, und da auch das dir keine Zufriedenheit bringt, willst du immer noch mehr und mehr.

Du glaubst, die Kontrolle zu wollen, die Unabhängigkeit dir gibt. Du machst jedoch ein schlechtes Geschäft, wenn du dein Herz dabei verlierst, da dein Herz dir Partnerschaft, Kreativität, deine Lebensaufgabe und dauerhaften Sinn in einer sinnlosen Welt gibt. Dein Herz hat Zugang zu deiner Willenskraft und Kreativität. Ohne dein Herz gibt es weder Liebe noch Freude. Frage dich, welche Bereiche deines Lebens von Gier geprägt sind. Was sammelst du? Wovon kannst du nicht genug bekommen? Wo bist du im Wunsch nach Konsum gefangen? Unter deiner Habgier und deiner Dissoziation liegen Angst und Schmerz, und darunter verbirgt sich die Lösung. Sie besteht in einer Gabe, die du gibst, und nicht in etwas, das du zu bekommen oder zu nehmen versuchst. Lege den Abwehrmechanismus aus Habgier und Bedürfnis in die Hände des Himmels, damit er transformiert werden kann. Bitte den Himmel, dich aus dem Gefängnis des Egos zu befreien, in das du dich durch deine Habgier selbst gebracht hast, und entscheide dich stattdessen für die Liebe. Wenn du liebst, findest du paradoxerweise Erfüllung, und sowohl Angst als auch Habgier lösen sich auf. Entscheide dich bei jedem Bedürfnis und jeder Form von Gier für die Liebe und beobachte, wie sie das Bedürfnis auflöst und neuen Fluss erzeugt, der dich voranbringt.

Lektion 59

Emotionen sind ein Ausdruck von Unzulänglichkeit

Jede Emotion, die du fühlst, ist immer mit einem gleich großen Gefühl von Unzulänglichkeit verbunden. Eine Emotion signalisiert automatisch, dass du das Gefühl hast, mit der Situation nicht umgehen zu können. Eine Emotion beginnt im gleichen Moment wie Gefühle der Unzulänglichkeit, nämlich dann, wenn du dich durch ein Urteil oder Widerstand getrennt hast. Wenn du die Verbundenheit mit einem Menschen oder dem Leben zerstörst, dann zerstörst du zugleich die Verbundenheit mit dir selbst. Du schneidest dich nicht nur von äußeren Dingen ab, sondern auch von dem, was du in dir trägst. Diese Bewusstseinsspaltung hat zur Folge, dass du sowohl Zuversicht als auch Angst spürst, dass du vertraust und gleichzeitig kontrollieren willst. Der Konflikt mindert deine natürliche Zuversicht, mit einer Situation umgehen zu können. Wenn du dich vom Himmel und von dir selbst trennst, dann hast du im gleichen Maße das Gefühl, alles aus eigener Kraft erreichen zu müssen, es aber nicht zu schaffen. Trennung kann auch dazu führen, dass du deine Gefühle der Unzulänglichkeit kompensierst, indem du dich zu sehr bemühst. Du verlässt dich weder auf dich selbst, noch erlaubst du dir, dich auf den Himmel in dir zu verlassen. Erfolg ist somit nicht möglich.

Gilt in einer Situation, in der eine Emotion in dir hochkommt, dein erster Gedanke jedoch der Heilung, dann appellierst du an den Himmel oder setzt ein Prinzip der Heilung wie Vergebung ein, um zu reparieren, was beschädigt wurde. Die entstehende Ganzheit bringt Vertrauen und Zuversicht mit sich und segnet außerdem dich und die Welt mit neuem Erfolg.

Lektion 60

Frage dich bei einem Kampf, was du verteidigst

Dies ist ein wichtiger Schritt in deinem Heilungsprozess, und du kannst ihn zu einem natürlichen Teil deiner Transformationswerkzeuge machen. Bei einem Kampf schützt du dich vor Schmerz oder der Angst vor noch größerem Schmerz. Die Ursache liegt in deiner Vergangenheit, die du noch nicht geheilt hast. Es ist notwendig, jeden Kampf zu heilen und loszulassen, damit du nicht noch mehr Situationen erschaffst, die von Schmerz erfüllt sind.

Bei einem Kampf willst du außerdem Recht haben, und du verteidigst einen Ort, an dem du dich schuldig fühlst. Hier ist Selbstvergebung gefordert, weil du anderenfalls zahllose Möglichkeiten findest, dich selbst und andere Menschen zu bestrafen. Unschuld ist die Wahrheit. Mache sie daher zu deinem Ziel. Bei einem Kampf verteidigst du auch dein Ego. Es trennt dich von der Welt und liegt an der Wurzel jedes Problems. Dein Ego ist dein Autoritätskonflikt mit Gott. Es will Gott ablösen und sich selbst an seine Stelle setzen. Du solltest allmählich erkennen, dass dein Ego dich nicht liebt und nur um sich selbst bemüht ist. Dein höheres Bewusstsein, dessen Aufgabe darin besteht, dich in deinem Prozess der Heilung zu unterstützen, ist darum bemüht, dir und allen anderen Menschen zu helfen. Es ist deine Verbindung zum Tao und zum Heiligen Geist. Willst du weiterhin das verteidigen, was nicht wahr ist, oder willst du dein Leben gestalten? Dies ist eine sehr wichtige Entscheidung, und wenn du immer wieder die gleiche Entscheidung triffst, wird daraus eine Einstellung. Entscheide dich für dein Glück, denn damit entscheidest du dich für dein höheres Bewusstsein und für deine Heilung. Deine Abwehrhaltung ist nicht nur unattraktiv, sondern zudem auch kontraproduktiv. Die Wahrheit braucht keine Verteidigung. Um die Wahrheit zu kämpfen bedeutet somit, einen Prozess der Angst zu benutzen, um sie herbeizuführen. Dies ist ganz offenkundig eine Strategie deines Egos, um den Prozess scheitern zu lassen, der dir die Lösung bringen und es dir ermöglichen würde, dich mit einem anderen Menschen partnerschaftlich zu verbinden.

Lektion 61

Vergebung bringt Frieden

Wenn du aufgebracht bist, hast du über einen anderen Menschen geurteilt. Ungeachtet dessen, in welcher Form er sich äußert, ist dies die Ursache deines Schmerzes. Wenn du jedoch dem betreffenden Menschen, der Situation und dir selbst vergibst, seid ihr beide glücklich und frei. Ein chronisches Problem kann zur Folge haben, dass du immer wieder neu vergeben musst. Die Gleichung der emotionalen Reife ist einfach: Jede Verstimmung ist deine Verstimmung und dein Fehler. Das Unterbewusstsein zeigt es dir. Bei deiner momentanen Verstimmung handelt es sich um eine Verstimmung, die alte, manchmal sogar uralte Wurzeln hat. Infolgedessen musst du Schicht um Schicht vergeben, um ein höheres Maß an Frieden zu finden. Frieden geht Hand in Hand mit Zuversicht und Vertrauen. Wenn sich vollkommener Frieden einstellt, kehren gleichzeitig Gesundheit, Liebe und Fülle ein. Vergebung ist das Wesen der Heilung und die Grundlage, auf der alle anderen Prinzipien der Heilung fußen. Wenn du einem Menschen vergibst, erlangst nicht nur du selbst ein höheres Maß an Ganzheit und Frieden, auch die Welt, in der du lebst, wird geeinter und friedvoller.

Lektion 62

Erliege in einem Kampf nicht der Versuchung zu dissoziieren

In einem Kampf versuchst du, dich von dem Menschen loszureißen, den du bekämpfst. Es ist schwer genug, bei einem Kampf mit den eigenen Emotionen umzugehen, aber dich loszureißen bedeutet, dass du gleichzeitig auch noch mit den Emotionen deines Gegners umgehen musst, und das ist nahezu unmöglich. Trotzdem ist es der Punkt, an dem Heilung beginnt. Wenn du nicht dissoziieren würdest, könntest du fühlen, wie ähnlich deine Emotionen den Emotionen des Menschen waren, mit dem du gekämpft hast. Du würdest sie verstehen, weil du erkennen würdest, dass ihr beide das Gleiche fühlt. Wenn dein Herz offen wäre und wenn du fühlen könntest, was dein Urteil und dein Angriff einem anderen Menschen und dir selbst antun, dann würdest du niemals angreifen. Wenn dein Herz offen wäre, läge nichts dir ferner als Angriff. Wenn du deine Dissoziation aufgeben würdest, wäre es dir unmöglich, einen anderen Menschen anzugreifen. Du würdest dir stattdessen Liebe und das Glück wünschen, das die Liebe mit sich bringt.

Dissoziation ist die Lösung des Egos für den Schmerz, der entsteht, wenn du dich trennst. Deine Dissoziation führt zu Leugnung, und du schneidest nicht nur Gefühle und Emotionen, sondern auch das ab, was wirklich vor sich geht. Du schneidest nicht nur die Gaben, die Lebensaufgabe und die Bestimmung ab, die es vermocht hätten, die Situation grundlegend zu transformieren, sondern auch die Lektion, die du lernen wolltest, um ein höheres Maß an Ganzheit zu erlangen. Aufgrund deiner Empfindsamkeit kam dir das Leben schon als Kind mitunter zu schmerzhaft vor, und auch als erwachsener Mensch geht es dir nicht anders. Du hast dich jedoch nicht grundlos für diese Empfindsamkeit entschieden. Du solltest deine Empfindsamkeit in außergewöhnlichen und zutiefst einfühlsamen Gaben bündeln. Empfindsamkeit verletzt nicht, wenn du sie auf Liebe, Kunst, Heilung und visionäre Gaben ausrichtest. Wenn du dich auf diese Weise zu ihr bekennst, entsteht eine natürliche Immunität, die wächst, je mehr deine Empfindsamkeit ihrem wahren Zweck und nicht deiner Besonderheit dient. Dein zunehmender Mut erlaubt dir, dich voller Zärtlichkeit an Nähe, aber auch an deinen eigenen Schmerz und an den Schmerz anderer Menschen heranzuwagen, damit Heilung geschehen kann. Tust du es aus Liebe oder um Heilung zu erlangen, wird dein Herz weit. Bitte daher um den Mut, über die Dissoziation hinauszugehen. Dein Herz und die Empfindsamkeit, die du in dir entdeckst, bringen Partnerschaft und die Fähigkeit, zu empfangen und zu genießen. Wunderbare Gaben erwarten dich, wenn du deine Empfindsamkeit wahrhaftig einsetzt.

Lektion 63

Was einen Kampf ausmacht

Du weißt, dass du dich in einem Kampf befindest, wenn du angreifst oder dich verteidigst, aber es gibt noch viele andere Kampfformen, die nicht so leicht zu erkennen sind. Dazu zählen beispielsweise Rückzug oder passive Aggression. Beide sind von einem ebenso hohen Maß an Aggression geprägt wie ein direkter Angriff. Ein Kampf lähmt jede Kommunikation. Wenn du dich zurückziehst, dann glaubst du, dass dein Kontrahent dich angreift und du dich nur verteidigst, aber du ziehst dich zurück, statt auf ihn einzugehen oder ihm zu helfen. Außerdem ist Rückzug von dem Merkmal geprägt, das typisch für jeden Kampf ist, nämlich von der Angst vor dem nächsten Schritt und dem Versuch, einen anderen Menschen ins Unrecht zu setzen.

Passive Aggression ist von Leugnung geprägt, die dich mitunter vollkommen blind dafür macht, dass du einen anderen Menschen angreifst. Jede emotionale Verstimmung und alle Opfersituationen sind eine Form von passiver Aggression. Dies hat sich im Laufe meiner langjährigen Erfahrung als Berater immer wieder bewiesen. Ich habe einmal mit einer Frau gearbeitet, die einen Schiffsuntergang überlebt hatte. Bei der Erforschung ihres Unterbewusstseins entdeckte sie, dass sie damit ihre Eltern angegriffen hatte.

Du greifst an, weil du einen anderen Menschen beschuldigst, aber vorher greifst du dich selbst für die Schuld an, die dich einen Sündenbock suchen lässt. Jede Opfersituation ist unter dem Schmerz der Verletzung von Angriff und Rache geprägt. Das gilt für Krankheit und Verletzung ebenso wie für Herzensbruch oder körperlichen und emotionalen Schmerz. Mangel birgt ebenfalls Angriff, aber auch dieses Wissen wird ins Unterbewusstsein verbannt.

Es wird Zeit, dir der Dinge bewusst zu werden, die du im Unterbewusstsein verborgen hast. Wenn du es nicht tust, greifst du wie alle anderen Menschen ungeniert immer weiter an und wirst deinerseits angegriffen, ohne zu erkennen, dass dein Angriff dich aufhält und nur eine große Maskerade ist, die deine Angst zudecken und die Macht deines Egos stärken soll. Du könntest stattdessen Liebe, Erfolg und Fülle erschaffen.

Lektion 64

Alle negativen Dinge, die dir zustoßen, sind dein eigener Angriff

Es ist wieder einmal an der Zeit, dich ins Unterbewusstsein hineinzuwagen. Wenn du das Unterbewusstsein studierst, wird dir klar, dass Dinge und Ereignisse nicht einfach so, sondern aus einem bestimmten Grund geschehen. Ein negatives Ereignis bedeutet, dass du nicht nur dich selbst, sondern unter dem Deckmantel des Opfers auch einen anderen Menschen angreifst. Das verbirgst du natürlich vor dir selbst, denn du willst dich nicht als Angreifer, sondern als das unschuldige Opfer sehen. Du wünschst dir einen angenehmen, ungetrübten Alltag, bist aber in Leugnung gefangen. Du verbirgst Dinge vor dir selbst. Wenn du wüsstest, was du wirklich tust und wofür du dich wirklich entscheidest, dann würdest du mit Sicherheit eine bessere Wahl treffen. Das Ego hat sich Angriff und Selbstangriff verschrieben. Sie sind sein eigentliches Fundament. Dein Ego erklärt dir, dass du sterben wirst, wenn du über diesen Punkt hinausgehst, aber in Wahrheit würde dein Ego sterben. Es spielt keine Rolle, gegen wen ein Angriff gerichtet ist, denn er trifft immer alle Menschen. Es ist an der Zeit, dich Harmlosigkeit, Stärke und Frieden zu verpflichten. Sie scheuen Angriff. Öffne dich für Gnade und Führung, die dich daran erinnern, um alles zu bitten, was du brauchst, damit du umsorgt wirst und dir gegeben wird, was du brauchst.

Lektion 65

Schaue bei einem Kampf auf die Vergangenheit

Bei jedem Kampf versuchst du, dich gegen eine Vergangenheit zu wehren, in der du verwundet wurdest, und gegen eine Vergangenheit, in der du jemand anderen verwundet hast. Dein Kontrahent agiert dein Unterbewusstsein aus. Er steht für alle Menschen, mit denen du es in deiner Kindheit zu tun hattest, und für alle alten, unerledigten Geschichten, die mit ihnen und damit zu tun haben, was du getan hast oder was sie getan haben. Es kann auch sein, dass du gegen Selbstkonzepte deiner Ahnen kämpfst, die innerhalb der Familie von Generation zu Generation weitergegeben wurden, oder gegen Selbstkonzepte aus „früheren Leben", wenn dir diese Metapher zusagt, bzw. gegen uralte Schattenfiguren, die du in dir trägst. Frage dich, von welcher Zeit der gegenwärtige Kampf ausgeht. Es kann sich um eine Zeit in deiner Kindheit handeln, aber auch um eine Zeit, die vor deinem jetzigen Leben liegt.

Um ein Gefühl dafür zu bekommen, in welche Zeit die Wurzel des jetzigen Kampfes zurückreicht, kannst du dich auch fragen, ob es sich um eine alte oder um eine uralte Wurzel handelt. Eine alte Wurzel rührt meist aus der Kindheit her. Eine uralte Wurzel rührt von Einflüssen her, die in eine Zeit vor deinem jetzigen Leben zurückgehen.

Der Himmel bietet dir jederzeit Frieden an. Kehre vor deinem inneren Auge zur Wurzel des Problems zurück und bitte darum, dass der Frieden des Himmels durch dich hindurchströmen möge, bis die ursprüngliche Situation geklärt ist. Du kannst diese Übung wiederholen, bis die Situation von tiefem Frieden erfüllt ist. Kehre anschließend zu deinem gegenwärtigen Kampf zurück und lasse auch diese Situation von Frieden erfüllen.

Lektion 66

Gib bei einem Kampf den Wunsch nach Trennung auf

Auf einer bestimmten Ebene zeigt jeder Kampf den Wunsch nach Trennung. Auch wenn du scheinbar darum kämpfst, einem anderen Menschen verbunden zu bleiben, hat dein Unterbewusstsein andere Pläne. Das bedeutet, dass du in die falsche Richtung gehst. Ein Kampf ruft nach Angriff und erzeugt Illusion, Angst, Selbstangriff, Leugnung, Schmerz, Dissoziation, Schuld, Unwürdigkeit, Gefühle des Versagens und der Unzulänglichkeit, Verletzung, Rache und möglicherweise auch Kompensationen, um diese Emotionen zu verbergen. Das ist ein hoher Preis, den du für die Illusion der Unabhängigkeit zahlst. Die Unabhängigkeit, die du erlangst, ist eine Rolle, sodass Empfangen und Genießen blockiert sind. Die unabhängige Rolle geht zudem mit Rollen der Abhängigkeit und Opferrollen sowie mit Rollen der Aufopferung und des Märtyrers einher. Das blockiert Partnerschaft und Fluss. Es ist der Garant für Schuldzuweisungen, Groll und Gefühle der Kleinheit und des Versagens, und es sorgt dafür, dass du deiner Lebensaufgabe aus dem Weg gehst. Unabhängigkeit dissoziiert und kompensiert diese Emotionen. Alle diese Dinge arbeiten gegen Liebe, Erfüllung, Glück und Erfolg.

Erkenne jeden Wunsch nach Trennung, den du möglicherweise hegst, weil er Probleme und Machtkämpfe hervorruft. Sei dir außerdem bewusst, dass jedes Problem und jeder Machtkampf von deinem Wunsch nach Trennung herrührt. Verpflichte dich dem Frieden und der Partnerschaft. Bitte um den Frieden Gottes. Jede Verbindung mit einem anderen Menschen bringt Frieden und Heilung sowie Liebe, Freude und Wertschätzung. Das willst du wirklich. Achte auf das, was du wirklich willst.

Lektion 67

Gib bei einem Kampf deine Projektionen auf

Bei jedem Kampf findet Projektion statt. Du projizierst Eigenschaften, die du verurteilt, abgespalten und vergraben hast, auf deinen Gegner. Du glaubst, dich gegen diese Selbstkonzepte, die du hasst, verteidigen zu müssen. Also projizierst du sie nach außen und kämpfst gegen denjenigen, auf den du sie projiziert hast. Das ist nichts anderes als Schattenboxen. Du bekämpfst nur das, was du selbst zu sein glaubst. Du projizierst deine Schuld und deine Verantwortung auf einen anderen Menschen und greifst ihn dann für seine vermeintlichen Verfehlungen an. Bei deinem Angriff hast du dein eigenes Bedürfnis nach außen projiziert und bist verärgert, weil dein Gegner es nicht so erfüllt hat, wie er es deiner Meinung nach hätte tun sollen. Dein Urteil über diese Eigenschaft und die Tatsache, dass du sie abgespalten und nach außen projiziert hast, hat ein Bedürfnis scheinbar unerreichbar für dich gemacht.

Ein Kampf kann ausbrechen, ehe du überhaupt erkennst, dass das, worum es geht, deine eigenen Projektionen auf einen anderen Menschen sind und dass es sich dabei um deine verleugneten Selbstkonzepte handelt. Sobald du jedoch bereit bist, deine selbstgerechte Entrüstung zu überwinden, solltest du erkennen, dass nicht Kampf, sondern Heilung gefordert ist.

Ein Weg, den Kampf rasch zu beenden, besteht darin, deine Projektionen zurückzuziehen. Frage dich:

Was siehst du ihn tun?

Was ist sein Problem?

Was ist mit ihm nicht in Ordnung?

Schreibe die Antworten nieder, denn manchmal kann es passieren, dass sie dir entfallen, wenn der Heilungsprozess begonnen hat. Ziehe eine Projektion nach der anderen zurück. Wenn du beispielsweise siehst, dass dein Gegner angreift, dann überprüfe, ob du nicht sagen kannst: „Ja, ich greife auch an!" Dies ist die erste Form, in der sich Projektion ausdrückt. Die zweite Form besteht darin, dass du niemals und unter keinen Umständen jemand anderen angreifen würdest. Du würdest lieber sterben, als einen anderen Menschen anzugreifen. In diesem Fall handelst du korrekt, aber dein Verhalten ist eine Kompensation für den Angriff, den du in dir trägst. Manchmal trägst du beide Formen in dir. In beiden Fällen marterst du dich selbst. Frage dich, wie viele innere Selbste du aufgrund dieser Selbstkonzepte marterst. Frage dich, ob du damit fortfahren oder diese Selbste lieber aus ihrer Folterkammer befreien willst. Gehe vor deinem inneren Auge zu dem Menschen, über den du urteilst und den du bekämpfst, und hilf ihm, indem du seine Selbste aus der Folterkammer befreist. Stelle dir vor, dass du ihm hilfst und ihn vielleicht sogar umarmst. Schaue ihn dann noch einmal an. Wie stellt er sich dir jetzt dar? Wiederhole den Prozess nun mit der zweiten Eigenschaft, die „sein" Problem ist. Das verändert deine Wahrnehmung sowohl in Bezug auf ihn als auch in Bezug auf dich selbst. Du, er und die Welt haben sich verändert. Dein Kampf ist vorüber, und Frieden ist an seine Stelle getreten.

Lektion 68

Achte bei einem Kampf darauf, was du zu bekommen versuchst

Es kann nur dann zu einem Kampf kommen, wenn du versuchst, etwas zu bekommen. Es kann nur dann einen Kampf geben, wenn beide Kontrahenten den jeweils anderen dazu bringen wollen, ein bestimmtes Bedürfnis zu erfüllen. Nimm dir ein wenig Zeit und denke über einen Vorfall nach, bei dem du einen anderen Menschen angegriffen hast. Dabei spielt es keine Rolle, ob dein Angriff aus Ärger oder Hass erfolgt ist oder ob Angst, Verletzung oder Schuld die Triebkräfte dafür waren. Denke darüber nach, was du bekommen wolltest. Immer dann, wenn du von jemand anderem etwas bekommen willst, versuchst du unabhängig von ihm zu bleiben. Das mag eine Zeitlang funktionieren, führt meist jedoch dazu, dass er vor dir zurückweicht.

Bei einem Kampf geht es hauptsächlich um Bedürfnisse. Du greifst an, wenn du ein Gefühl der Schwäche oder des Mangels hast. Du willst etwas bekommen, das dich ermächtigt oder dafür sorgt, dass du dich besser fühlst. Manchmal fühlst du dich nach einem Angriff tatsächlich vorübergehend besser. Manchmal rührt dein Angriff sogar daher, dass ein anderer Mensch dir helfen will und du es ihm übel nimmst, dass er deine Bedürfnisse erfüllt. „Was glaubst du denn eigentlich, wer du bist? Wie kommst du dazu, so arrogant zu sein? Mein Angriff wird dich in die Schranken weisen.“ Erkenne, dass dein Angriff also sowohl deshalb erfolgen kann, weil der andere deine Bedürfnisse nicht erfüllt, als auch deshalb, weil er es tut.

Was du von jemand anderem zu bekommen versuchst, ist meist das, was du selbst geben wolltest. Deine Entscheidung für die Kleinheit hat jedoch dafür gesorgt, dass du beschlossen hast, dich zu verstecken, statt vorzutreten und die Gabe hervorzubringen, die als Potenzial in dir geschlummert hat. Das Teilen der Gabe würde dir Zufriedenheit schenken und dich dafür öffnen, sie deinerseits zu empfangen. Wenn du gibst, werden deine Bedürfnisse paradoxerweise erfüllt und deine Unzufriedenheit fällt von dir ab. Dadurch, dass du die Gabe teilst, beendest du den Kampf.

Untersuche die Kämpfe, die du in der Vergangenheit ausgefochten hast, und auch die Kämpfe, in die du gegenwärtig verstrickt bist. Öffne die Tür in deinem Geist, hinter der deine Gaben verborgen gelegen haben. Nimm die Gabe an, und teile sie. Du kannst auch eine Gabe empfangen, die der Himmel für euch beide bereithält, und sie ebenfalls teilen. Es beendet den Kampf und bringt euch beide in den Fluss zurück.

Lektion 69

Wie du kämpfst

Wenn du wütend wirst, dich verletzt oder schuldig fühlst oder Schmerz in irgendeiner Form erfährst, bist du in einen Kampf verstrickt. Das gilt übrigens für jede Emotion, die du fühlst. Eine Emotion ist im Grunde ein Kampf. Dabei muss unterschieden werden zwischen Emotionen und Gefühlen wie Wertschätzung, Dankbarkeit, Liebe oder Freude. Die meisten unserer Kämpfe finden unterhalb der bewussten Wahrnehmungsebene statt.

Eine Emotion kann sich in Form eines direkten Angriffs äußern, zum Beispiel als Wut, oder in Form eines indirekten Angriffs, etwa als emotionale Erpressung, Kränkung oder Schuldzuweisung. Die wenigsten Menschen sind sich der Kämpfe, die auf dieser Ebene stattfinden, bewusst, aber der Konflikt ist unaufhörlich am Werk. Integrität im Umgang mit einer Emotion bedeutet, die Verantwortung für sie zu übernehmen und sie als Hinweis auf das zu nutzen, was in dir der Heilung bedarf.

Eine Emotion ist eine Botschaft, die aussagt, dass jemand dich enttäuscht hat. Er hat es versäumt, deine Bedürfnisse zu erfüllen. Diese Denkweise gehört zu den größten Fehlern, die du im Leben machen kannst: dass andere Menschen dazu da sind, deine Bedürfnisse zu erfüllen. Du glaubst, dass es ihre Aufgabe ist, sich deinem Willen unterzuordnen, weil dein Glück davon abhängt, dass sie das tun, was du willst. Wenn sie es nicht tun, wirst du wütend und zeigst es durch deine Emotionen. Deine Emotionen lassen sie wissen, dass sie dir Unrecht getan haben.

Dein Kampf beschränkt sich niemals nur auf den Menschen, gegen den du zu kämpfen glaubst. Du kämpfst gleichzeitig auch gegen deinen Partner, gegen andere wichtige Menschen in deinem Leben wie deine Kinder und deine Eltern, gegen dich selbst, gegen deine wahre geistige Wesensnatur und gegen Gott. Ein Kampf erstreckt sich daher immer von der Ebene der bewussten Wahrnehmung bis ins Unbewusste hinein.

Auch der Körper ist ein Bereich, der als Schlachtfeld für unsere Emotionen benutzt wird. Gesundheit und Sexualität werden zu Waffen und Klagen. Wenn du Probleme im Bereich der Gesundheit oder Sexualität hast, kämpfst du nicht nur gegen bestimmte Menschen, sondern gegen das Leben selbst. Du greifst es an oder ziehst dich zurück und wendest dich dem Tod zu.

Wenn eine Emotion in dir hochkommt oder du in einen Kampf verwickelt bist, dann fühlst du dich rechtschaffen und glaubst, im Recht zu sein. Dieselben Gefühle trägst du in dir, wenn du jemanden zu einer Schattenfigur machst und dafür sorgst, dass er das ausagiert, was du für deine dunkelsten Sünden hältst. Dabei handelt es sich jedoch um deine eigenen Projektionen und unbewussten Drehbücher. Vielleicht hast du das Thema nicht tief genug verdrängt, sodass es sich dir in deiner Welt manchmal in Form eines anderen Menschen zeigt. Was du siehst, ist jedoch ein Spiegelbild ***deiner*** Schattenfiguren, die in dir gefangen sind und an dir nagen. Wenn eine Schattenfigur in deiner Welt auftaucht, richtet sich der ganze Selbsthass, den du in dir trägst, mit aller Schärfe gegen diese Person. Du vergisst immer wieder, dass alles, was sich in deiner Welt zeigt, genau das ist, was du von dir selbst glaubst. Die Welt ist ein gigantischer Spiegel deiner eigenen Selbstkonzepte. In einem meiner früheren Bücher, *50 Wege, das Leben positiv zu gestalten*, wird dieses Prinzip ausführlich erörtert. Ein Kampf mit einem anderen Menschen spiegelt immer einen Konflikt deiner inneren Selbstkonzepte wider. Wenn du den inneren Kampf integrieren und zu einem höheren Maß an Ganzheit bringen kannst, hört der äußere Kampf auf.

Jeder Kampf macht dein Ego zum Helden. Der Kampf ist der Beweis, dass du das Ego ebenso brauchst wie seinen Angriff und die Abwehrmechanismen, die für einen Kampf unerlässlich sind. Kämpfe trennen dich von anderen Menschen, während das Ego zugleich deinen inneren Konflikt verstärkt. Was du bei anderen Menschen angreifst, spaltest du bei dir selbst in noch stärkerem Maße ab. Dein Ego ist das Prinzip der Trennung, sodass ein Kampf also genau nach seinem Plan verläuft. Es sorgt dafür, dass du über andere Menschen urteilst und sie angreifst. Das erzeugt Angst. Dann verkauft es dir Gewehre und ein ganzes Arsenal weiterer Verteidigungsvorrichtungen, mit denen du dich schützen sollst, und das lässt noch mehr Angst entstehen. Stark verteidigte Menschen versuchen, das Entsetzen in ihrem Herzen mittels ihrer Abwehrmechanismen zu dissoziieren. Deine Gewehre und deine streitsüchtige Gesellschaft, die dich schützen sollen, vergrößern letzten Endes deine Angst. Es ist ein Teufelskreis.

Wenn du angreifst, ist offenkundig, dass du in einen Kampf verstrickt bist, und Angriff rührt von einem Gefühl der Schwäche her. Es gibt aber noch andere Angriffsformen, die Schwäche verbergen, und dazu zählt die passive Aggression, bei der du aus dem Hinterhalt auf andere Menschen schießt, dabei aber so sehr in Leugnung gefangen bist, dass du es noch nicht einmal merkst. Wenn du passiv aggressiv bist, erkennst du nicht, warum andere Menschen vor dir zurückweichen oder ihre Wut an dir auslassen.

Selbstangriff ist ebenfalls eine Angriffsform, mit der du andere Menschen angreifst. Selbstangriff und Angriff sind das Fundament des Egos. Vorstellungen von Schuld und Sünde führen immer zur Selbstbestrafung. In *Ein Kurs in Wundern* heißt es jedoch: „Angriff ist nicht vereinzelt." Immer dann, wenn du dich selbst angreifst, greifst du also auch andere Menschen an. Du leugnest, dass ein Angriff auf dich selbst sich auf andere Menschen auswirkt, und weil du blind dafür bist, änderst du nichts daran. Du verbirgst viele Dinge vor dir selbst, denn wenn du dir ihrer bewusst wärest, müsstest du sie ändern.

Rückzug ist eine Angriffsform, deren hohes Maß an kämpferischer Energie mit dem eines direkten Angriffs vergleichbar ist. Unglücklicherweise gehst du in die Aufopferung, sobald du dich zurückziehst, und hast dich sowohl vom Leben als auch von Erfolg und Beziehungen zurückgezogen. Bei einem Kampf ziehst du dich infolgedessen nicht nur von einem anderen Menschen, sondern auch von dir selbst zurück.

Ein Kampf, dessen du dir ebenfalls nicht bewusst bist, findet statt, wenn du zum Opfer gemacht wirst. Der mit einer Opfersituation verbundene Selbstangriff birgt verborgenen Angriff, Kampf und Rache. Du verletzt dich selbst oder sorgst dafür, dass andere Menschen und das Leben dich verletzen, um dich an anderen Menschen zu rächen. Jeder Misserfolg ist in Wirklichkeit eine Form von Rache. Wenn du zum Opfer gemacht wirst, kämpfst du gegen einen anderen Menschen, dein wahres Wesen, dein wahres Selbst.

Mangel ist ein Angriff, der sich unter dem verbirgt, was dir scheinbar fehlt. Mangel in jedem Bereich – sei es Liebe, Geld, Erfolg oder Gesundheit – kann in die Kategorie dessen fallen, woran es dir im Leben mangelt, und ist deshalb ein Hinweis darauf, wie du kämpfst. Du gibst jemandem die Schuld an deiner Lage, während du andere Menschen dafür verurteilst.

Bewusstheit kann dir angesichts eines so hohen Maßes an Angriff, Abwehr und Leugnung eine Hilfe sein. Wenn du fest entschlossen bist, Licht ins Dunkel dessen zu bringen, was – auch auf tief verborgenen Ebenen – in Wirklichkeit in dir vorgeht, dann kann es dir gelingen. Anderenfalls verheimlichst du das, was in dir vorgeht, vor dir selbst und greifst die Wahrheit an, um dein Ego zu schützen. *Die feste Absicht, das zu entdecken, was im Unterbewusstsein und Unbewussten verborgen liegt*, gibt dir die Macht, segensbringende Veränderung zu bewirken. Um dich selbst auf diesen tieferen Ebenen kennenzulernen, ist es hilfreich, dir einen gewissen Sinn für Humor zu bewahren und dich selbst nicht allzu ernst zu nehmen.

Wenn du die *Verantwortung für deine Situationen und für deine Emotionen übernimmst* und aufhörst, anderen Menschen die Schuld an deinen Problemen und Emotionen zu geben, dann gehst du einen großen Schritt voran, mit dem du dir, anderen Menschen und der Welt hilfst. Wenn du *dir* zudem *eine heilende Einstellung zu eigen machst*, sodass du keine bösen Buben siehst, sondern nur Menschen, die der Hilfe bedürfen, dann befreist du sie und dich selbst. Wenn du *dir für jeden Kampf und für jedes schlechte Gefühl vergibst*, dann bleibst du nicht darin stecken. Wenn du dich selbst nicht anklagst und verurteilst, dann kannst du allen Menschen gegenüber Verständnis und Barmherzigkeit zeigen. Wenn du dich daran erinnerst, dass du fast allen Menschen, gegen die du kämpfst oder jemals gekämpft hast, *versprochen hattest, ihnen zu helfen und sie sogar vor sich selbst zu retten*, weil es ein Teil deiner Lebensaufgabe ist, gehst du alle Schwierigkeiten mit einer anderen Einstellung an. Deine Reife und deine Bereitschaft nehmen zu, wenn du andere Menschen nicht mehr als Ausrede benutzt, um verletzt oder selbstgerecht zu sein, dich zu trennen oder davor zurückzuscheuen, dich deiner Angst vor dem nächsten Schritt zu stellen. Dein Wunsch nach Wahrheit befreit dich sowohl vom Schmerz als auch von der Illusion.

Je größer deine emotionale Reife ist, umso attraktiver und erfolgreicher bist du. Dein persönliches Glück, deine Beziehung und deine berufliche Laufbahn hängen davon ab. Deine Bereitschaft bringt Fluss, und Fluss ist sowohl die Wahl des richtigen Zeitpunktes als auch Glück.

Lektion 70

Achte bei jedem Kampf darauf, wo du den Fehler machst

Achte bei jedem Kampf darauf, wo du den Fehler machst. Bei einem Kampf machen grundsätzlich alle Beteiligten einen Fehler. Wenn du deinen Gegner auf seine Fehler hinweist, dann allerdings nur deshalb, weil du deine eigenen Fehler negierst. Ihn auf seine Fehler hinzuweisen, ohne dich mit deinen eigenen Fehlern zu befassen, hat üblicherweise zur Folge, dass du in einen noch größeren Kampf verwickelt wirst. Wenn du wirklich daran interessiert bist, den Kampf zu beenden, dann achte also darauf, wo du den Fehler machst. Reife fordert dich immer dazu auf, deine Fehler einzugestehen, denn sobald du es tust, macht sich dein höheres Bewusstsein daran, sie zu transformieren. Zuerst ist allerdings dein Eingeständnis erforderlich. Wenn dein Gegner sich entschuldigt, du dich hingegen nicht, wirst du früher oder später nach jemand anderem Ausschau halten, mit dem du einen Kampf austragen kannst. Dieses Hinausschieben beruht immer auf Angst. Nahezu alle Kämpfe sind alberne Missverständnisse, die du einfach dadurch lösen kannst, dass du darüber sprichst. Wenn es sich dabei um ein altes Muster handelt, muss jedoch zuerst Heilung geschehen, ehe eine Veränderung eintreten kann. Heilung könnte ganz einfach dadurch geschehen, dass du deinen Fehler eingestehst und dich entschuldigst.

Zu einem Kampf gehören immer zwei. Sobald du deinen Fehler eingestehst und den nächsten Schritt gehst, ist der Kampf vorüber, weil du ohne Angst einen Schritt nach vorne gemacht hast. Wenn du nicht erkennen kannst, wo du einen Fehler gemacht hast, dann versuche, dir selbst, dem an der Situation beteiligten Menschen und der Situation selbst zu vergeben. Vergib allen Menschen aus der Vergangenheit, die dir in Bezug auf diese Situation in den Sinn kommen. Je mehr du vergibst, umso klarer wird die Situation.

Denke daran, dass die Themen in einer Beziehung immer gleich sind. Es ist möglich, dass du kompensierst und in Leugnung gefangen bist und dass du das Thema nicht so derb ausagierst wie dein Partner, aber das liegt vermutlich einfach daran, dass du das bessere Benehmen hast. War dein Partner dir beispielsweise untreu, dann bist du ihm im gleichen Maße untreu gewesen. Vermutlich warst du abhängig und hast Bedürftigkeit mit Liebe und Verpflichtung verwechselt. Dein Mangel an Vertrauen hat seinem Mangel an Vertrauenswürdigkeit entsprochen. Vertrauen ist nicht gleichbedeutend mit Naivität. Deine Leugnung hat zu einem Herzensbruch geführt. Nun führt deine Leugnung zu Rollen der Unabhängigkeit, Rollen der Aufopferung und Opferrollen. Ein gewisses Maß an Vergebung könnte notwendig sein, um das geheime Einverständnis mit jedem Ereignis aufzudecken, das unter deiner Leugnung vergraben liegt.

Das gilt auch, wenn dein Partner dich scheinbar benutzt. Du hast entweder versäumt, ihm zu helfen, wie du es auf einer Seelenebene versprochen hattest, oder du hast ihn benutzt, um dich selbst zurückzuhalten. Ich habe mit Menschen gearbeitet, die immer noch gegen jemanden aus der Vergangenheit kämpften, nachdem sie sich schon lange von ihm getrennt hatten, und deshalb ihr Leben nicht weiterlebten. Sie benutzten den betreffenden Menschen immer noch, um sich zurückzuhalten, statt einfach die Lektion zu lernen und den nächsten Schritt zu gehen.

Nun ist die Zeit gekommen, in diesem Kampf sehr klar und ehrlich zu sein, wenn du dich befreien und Frieden finden willst.

Lektion 71

Emotionen sind reaktiv und unmittelbar

Emotionen sind reaktiv. Sie werden durch äußere oder innere Reize ausgelöst. Es ist leichter, einen äußeren Reiz wahrzunehmen, als einen Reiz, der aus deinem Inneren kommt. Bei einem inneren Reiz scheinen Emotionen wie Traurigkeit, ein schlechtes Gefühl oder Ärger einfach in dir hochzukommen, ohne dass du einen bestimmten Grund dafür nennen könntest. Du brauchst nicht zu wissen, wodurch deine Emotionen ausgelöst wurden, aber wenn sie hochkommen, ist es wichtig, ihnen mit der richtigen Einstellung zu begegnen. Sie lautet: „Ich bin aufgerufen, diese Sache zu heilen. Ich verpflichte mich, sie zu heilen." Wenn du Heilung zu einer Lebenseinstellung machst, kannst du alle Probleme und negativen Gefühle, die in dir hochkommen, viel leichter nutzen, um Heilung zu bewirken. Du neigst dann viel weniger dazu, emotional zu schwelgen, deine Umwelt zu verschmutzen oder einen anderen Menschen anzugreifen.

Weil Emotionen scheinbar unmittelbar entstehen, glaubst du, dass etwas außerhalb deiner selbst dafür gesorgt hat, dass du sie fühlst. Könntest du in dein Unterbewusstsein hineinschauen, wüsstest du jedoch, dass du die Situation und das, was sie ausgelöst hat, in Wahrheit herbeigeführt hast, um die Emotion ans Licht zu befördern. Sie war in deinem Inneren eingeschlossen und schießt meist einfach blitzartig aus dir heraus. Vor dem Blitz hast du aber bereits entschieden, welchen Auslöser du benutzen willst und ob du die Emotion zur Heilung oder als Waffe einsetzen willst. Deine Emotionen zeigen dir, was du aus der Vergangenheit mitgebracht hast und was in der Gegenwart noch geheilt oder gelernt werden muss. Wenn eine Emotion in dir hochkommt, hast du die Chance, die Lektion zu lernen, bevor sie zu einer Prüfung wird, und das, was den Schmerz ausgelöst hat, in Ganzheit zu verwandeln.

Wenn du dich vor, während und nach einem emotionalen Ereignis immer wieder dafür entscheidest, es zur Heilung zu nutzen, wird daraus schon bald eine heilende Einstellung. Lasse nicht zu, dass deine eigenen Emotionen dich wie aus heiterem Himmel treffen. Verpflichte dich deiner emotionalen Intelligenz. Deine emotionale Reife ist entscheidend für deine Partnerschaft, deine Lebensaufgabe und deine Bestimmung. Wenn du nicht erwachsen wirst und emotionale Reife erlangst, setzt du emotionale Stoffe frei, die eine toxische Wirkung haben, und vergiftest die Menschen in deiner Umgebung mit deinem Angriff, statt sie durch deine Einstellung und deine Heilung zu beflügeln. Du kannst dich für dein Glück oder für emotionales Schwelgen entscheiden. Beides kannst du nicht haben. Du musst dich entscheiden, welchen Weg du gehen willst.

Lektion 72

Gib bei einem Kampf den Wunsch auf, gewinnen und Recht haben zu wollen

Ein Kampf ist ein Wettstreit, der sich in einen Machtkampf verwandelt hat. Es mangelt an Ebenbürtigkeit, und du glaubst, etwas zu gewinnen, indem du den anderen beherrschst und deinen Willen durchsetzt. Der Wunsch, einen anderen Menschen zu besiegen, ist jedoch sehr kurzsichtig. Du erkennst nicht, dass dein Partner, wenn du ihn jetzt schlägst, seinerseits nach Möglichkeiten sucht, dich zu schlagen oder dich in einen Hinterhalt zu locken, damit er zur Abwechslung auch einmal gewinnen kann. Schlimmstenfalls kann es passieren, dass er aufgibt und sich an die Situation anpasst. Die Folge ist eine chronisch leblose Beziehung, von der dein Ego dich glauben macht, sie sei gut, weil du die Kontrolle hast. Ein Sieg über deinen Partner hält dich auf und lässt deine Beziehung verkümmern. Jeder Versuch, einen Sieg zu erringen, zeigt, dass du Gewinnen mit Erfolg verwechselt hast. Erfolg ist gleichbedeutend damit, dass du einen Schritt vorangehst, während der Schritt beim Gewinnen nur darin besteht, dass du einen anderen Menschen beherrschst.

Bei einem Kampf benimmst du dich so, als wärest du im Recht, und deine Angriffe rühren von einem selbstgerechten Zorn her. Wenn du das Recht-haben-Wollen aufgeben würdest, wärest du offen dafür, stattdessen etwas zu lernen. Ein Kampf bedeutet, dass du dich vor etwas oder jemandem verschlossen hast. Du könntest ihn als ersten Schritt zu der Erkenntnis nutzen, dass es etwas zu lernen und einen Schritt vorwärts zu gehen gilt. Wenn du den Kampf aufgeben würdest, dann könntest du erkennen, worin die Lektion besteht, die auf dich gewartet hat. Wenn du nicht Recht haben wolltest und deshalb verschlossen wärest, dann gäbe es keinen Kampf, weil es nichts gäbe, das du verteidigen müsstest. Die Wahrheit braucht keine Verteidigung, und das so genannte „Recht“, das du zu verteidigen versucht hast, war eine Investition deines Egos, das dich dazu gebracht hat, die schmutzige Arbeit zu übernehmen und in seinem Namen darum zu kämpfen. Es ist an der Zeit, dein Recht-haben-Wollen loszulassen, damit du gemeinsam mit deinem Partner über den Kampf hinausgelangen kannst und eure Partnerschaft höher schätzt als deine Selbstgerechtigkeit, die in Wahrheit nur eine Tarnung für etwas war, dessentwegen du dich schuldig gefühlt hast.

Lektion 73

Ein Kampf ist von gegensätzlichem Verhalten, aber demselben Gefühl geprägt

Bei einem Kampf zeigen die Beteiligten meist ein gegensätzliches Verhalten, dem aber dasselbe Gefühl zugrunde liegt. Wenn du erkennst, dass dein Gegner trotz seines Verhaltens in Wirklichkeit dasselbe fühlt wie du selbst, dann ist dies der erste Schritt hin zu dem Verständnis, dem Mitgefühl und der Harmonie, die notwendig sind, um den Kampf gütlich zu beenden.

Wenn du wieder einmal in einen Kampf verstrickt bist, gehe deinen eigenen Gefühlen auf den Grund und benutze sie als Barometer für das, was vermutlich auch dein Gegner fühlt. Gehe auf sein inneres Gefühl ein, denn wenn du dasselbe fühlst, dann weißt du, was es heißt, es zu fühlen, und kannst einfühlsam darauf eingehen.

Ich erinnere mich an ein Blind Date, zu dem ich mich 1975 verabredet hatte. Ich holte die Frau zu Hause ab, und wir plauderten zunächst eine Weile, um uns näher kennenzulernen. Dann fing sie urplötzlich an, mich verbal zu attackieren. Nach einigen Minuten ging ich in mich und konnte ein Gefühl der Angst spüren. Also fragte ich sie: „Hast du Angst?“

Und sie erwiderte: „Ja, ich habe Angst.“

Ich sagte: „Ja, ich auch!“

Damit war der Angriff beendet, und wir konnten uns wieder ungezwungen miteinander unterhalten. Nach etwa einer halben Stunde stand ich auf, um mich zu verabschieden.

Die Frau sagte: „Ich nehme an, das bedeutet, dass du dich nicht wieder bei mir melden wirst.“

Ich antwortete: „Ja, das stimmt." Trotzdem hatte ich das Gefühl, dass es ein erfolgreicher Abend war, weil wir eine Brücke gebaut hatten, statt uns in einen Kampf zu verstricken. Obwohl das gewisse Etwas fehlte, um die Bekanntschaft zu vertiefen, hatte ich uns beide vor einer sehr unangenehmen und möglicherweise schmerzhaften Situation bewahrt.

Das Verhalten anderer Menschen und deine Interpretation ihrer Gefühle verleiten dich sehr oft dazu, über sie zu urteilen. Würdest du jedoch hinspüren, was du fühlst, und verstehen, dass sie genau dasselbe fühlen, dann könntest du zu ihnen hinausreichen und den Angriff beenden, indem du beginnst, mit ihnen zu sprechen.

Lektion 74

Die Macht der Wahl

Du erkennst nicht, dass du dich in jedem Augenblick zwischen Himmel und Hölle entscheidest. Wie deine Wahl ausfällt, kannst du daran ermessen, wie du dich fühlst. Wenn du dich ungeachtet dessen, was der Rest der Welt tut, für die Liebe entscheidest, kannst du von negativen Dingen nicht berührt werden. Wenn du dich immer wieder neu für die Liebe entscheidest, beginnst du Liebe auf eine Weise auszustrahlen, dass du die Welt um dich herum verwandelst. Wenn du dich in einer schmerzhaften Situation dafür entscheidest, ebenfalls zu lieben und zu geben, dann beginnst du, den Schmerz Schicht um Schicht zu heilen, bis er sich aufgelöst hat.

Du kannst auf die Welt schauen und erkennen, dass du dich unabhängig davon, was geschieht, für den Frieden entscheiden kannst. Eine Zeile aus *Ein Kurs in Wundern* lautet: „Ich könnte stattdessen Frieden sehen." Wenn du dich immer wieder neu dafür entscheidest, dann beginnt sie deine Wahrnehmung und dein Erleben der Welt zu verändern.

Wenn du dich für das Ego entscheidest, dann leidest du, und daran erkennst du, dass du einen Fehler gemacht hast. Wenn du leidest, dann bist du bewusst oder unterbewusst natürlich immer davon überzeugt, dass ein anderer Mensch schuld daran ist, dass es dir schlecht geht. Diese Abwehrstrategie des Egos kann den Schmerz nicht verhindern, sorgt aber dafür, dass du über andere Menschen urteilst und einen Groll gegen sie hegst, weil du sowohl das, was du selbst getan hast, als auch deine Glaubenssätze über dich selbst auf sie projiziert hast. Urteil und Groll führen dich immer tiefer in Probleme und Schmerz hinein. Du könntest dich stattdessen dafür entscheiden, dich an Gott zu erinnern. Dadurch erinnerst du dich auch an deine geistige Wesensnatur, die dich ihrerseits daran erinnert, dass dir alle Dinge offenstehen.

Richte deine Aufmerksamkeit nicht nur heute, sondern jeden Tag auf Liebe, Frieden und die Tatsache aus, dass du ein Kind Gottes bist. Wenn du dich immer wieder neu dafür entscheidest, wird dein Glück immer tiefer. Nimm jedoch auch wahr, wenn du vom Weg abgekommen bist, und entscheide dich immer wieder neu dafür, stattdessen Frieden zu sehen.

Im Grunde genommen besteht deine Wahlfreiheit ganz einfach darin, dich zwischen deinem Ego und deinem höheren Bewusstsein zu entscheiden. Wenn du dich dafür entscheidest, auf dein höheres Bewusstsein zu hören, werden dir alle guten Dinge zuteil. Jede Form von Negativität bedeutet, dass du in dein Ego investiert und auf seinen Rat gehört hast. Es ist deine Entscheidung. Was willst du?

Lektion 75

Die Macht jenseits der Wahl

Die Macht der Wahl ist deine größte Macht, aber sie ist darauf beschränkt, ob du dich für dein Ego oder für dein höheres Bewusstsein entscheidest. Dieses Privileg der Wahl ist dem Ego lieb und teuer, weil es sich selbst die Entscheidung zuschreibt. Wenn du immer mehr Persönlichkeiten und Selbstkonzepte loslässt, bist du andererseits jedoch in immer höherem Maße damit zufrieden, dem Tao zu folgen, dem sich entfaltenden Prozess, der zu immer größerer Ganzheit führt. Es ist der Heilige Geist, der die Zeit nutzt, um dich von der Zeit zu befreien. Zeit ist dazu da, Heilung zu bewirken und den Weg zu finden, der dich zur Ganzheit zurückführt.

Es gibt eine viel größere Macht als deine eigene Macht der Wahl. Es ist die Macht, die daher rührt, dass sich das Tao innerhalb der Zeit entfaltet und dich in den Himmel zurückführt. Die Macht jenseits der Wahl liegt darin, deine eigene Entscheidungsfreiheit aufzugeben und den Heiligen Geist für dich entscheiden zu lassen, während du mühelos vom Tao vorangetragen wirst. Entscheidest du dich für deinen eigenen Weg oder dafür, den besten Weg zu deinem Weg zu machen, indem du es dem Himmel überlässt, die beste Entscheidung für dich zu treffen? Der Himmel würde niemals von dir verlangen, dass du dich aufopferst, während Aufopferung eine der Haupteigenschaften des Egos ist.

Lektion 76

Der Weg der Sühne

Der „Weg der Sühne" ist ein Begriff aus *Ein Kurs in Wundern*. Er beschreibt den Weg der Heilung, der zu Ganzheit und Frieden führt. Dort heißt es, dass der Zweck der Zeit darin besteht, Heilung zu bewirken, da sie uns ein höheres Maß an Frieden und Ganzheit zurückbringt. Es ist ein Weg, der zu einem immer höheren Maß an Glück, Unschuld und Zentriertheit führt. Wenn du dich für diesen Weg entscheidest, führt er dich zum Himmel auf Erden.

Deine Emotionen zeigen dir, wo du an deiner Heilung arbeiten musst. Sie zeigen dir, wo du einen Fehler begangen hast. Sie zeigen dir, wo du dich dafür entschieden hast, jemand anderen zu Unrecht zu beschuldigen und deinen Angriff unter dem Deckmäntelchen des Opfers zu verbergen. Sie zeigen dir, wo du dich dafür entschieden hast, dich zu verstecken, statt vorzutreten, wo du dich getrennt hast, statt dich zu verbinden, und wo du geurteilt hast, statt zu helfen. Du hast dir den Mantel der Aufopferung und Bedürftigkeit umgelegt, um die Unabhängigkeit vorzutäuschen, nach der du gestrebt und von der du fälschlicherweise geglaubt hast, sie würde dich glücklich machen. Eine Emotion zeigt, wo du einen anderen Menschen zu Unrecht beschuldigt hast, um zu zeigen, dass nicht du, sondern er eine Schuld trägt. Eine Emotion zeigt all das und mehr. Sie zeigt vor allem, wo du etwas zu berichtigen hast. Du könntest um die Gnade des Himmels bitten, damit die Unschuld deines Geistes wiederhergestellt wird, die dich erkennen lässt, dass alle Menschen unschuldig sind. Du könntest dir selbst für deine Schuld vergeben, indem du den Menschen vergibst, die du dazu gebracht hast, dir gegenüber zu Schuldigern zu werden. Du könntest dich dem Weg der Sühne als deinem Weg der Befreiung verpflichten.

Es ist der Weg, der dich zu einem noch höheren Maß an Ganzheit und Glück führt. Je mehr dein Frieden zunimmt, umso mehr wird er mit den Menschen in deiner Umgebung geteilt und bringt alle wunderbaren Dinge, die das Leben zu bieten hat. Deine Verpflichtung, den Weg der Sühne zu gehen, heilt in immer höherem Maße die Illusionen deines Lebens und wird dich schließlich zum Einssein führen.

Lektion 77

Bei einem Kampf bist du aufgerufen, etwas zu geben

Jemand, der gegen dich kämpft, erlebt ein Gefühl des Mangels, und wenn du zurückschlägst, dann glaubst du, dass es auch dir an etwas fehlt. Du könntest ihm stattdessen etwas geben, das den Mangel in ihm heilt. Dadurch erkennst du deine eigene Fülle und bringst Frieden dort, wo Unfrieden geherrscht hat. Es ist ganz leicht, einem anderen Menschen etwas zu geben. Du kannst ihn segnen. Du kannst ihm Liebe oder Frieden senden. Du kannst dich fragen, was er braucht. In jeder Situation besitzt du genau die Gabe, die notwendig ist, um den Konflikt zu lösen. Frage dich, worin sie besteht, und öffne die Tür in deinem Geist, die zu ihr führt. Erfülle dich mit ihr und lasse sie in den anderen Menschen einströmen. Du kannst dich auch fragen, wie alt das verwundete Selbst ist, das glaubt, kämpfen zu müssen. Ströme Liebe in das Kind ein, damit es heranwächst, bis es das jetzige Alter des betreffenden Menschen erreicht hat, in ihn hinein integriert wird und Frieden und Ganzheit erzeugt.

Du kannst auch um die Hilfe des Himmels bitten und alles empfangen, was der Himmel dir für den betreffenden Menschen geben will. Wenn du die Gabe empfangen hast, lasse sie in ihn einströmen. Menschen, die angreifen, sind auf der Bauchebene für gewöhnlich weit offen, auch wenn ihre Angriffsenergie diese Tatsache verbirgt. Für jemanden, der helfen will, ist sie jedoch offensichtlich. Es ist ganz einfach, auf dieser Ebene alles in einen Menschen einströmen zu lassen, was du ihm geben möchtest.

Wenn du erkennst, dass derjenige, der dich bekämpft, in Wirklichkeit deine Hilfe braucht, dann fällt es dir viel leichter, auf diesen Hilferuf einzugehen.

Wenn du dich weigerst, ihm zu helfen, machst du den gleichen Fehler wie er, fühlst dich schwach, glaubst, dass es dir an etwas mangelt, und trittst auf der Stelle oder machst sogar Rückschritte. Wenn du dem betreffenden Menschen jedoch hilfst, werdet ihr beide befreit, geht den nächsten Schritt und gelangt in einen neuen Fluss.

Gaben, die mit einem anderen Menschen geteilt werden, erzeugen neuen Fluss sowohl für ihn als auch für dich selbst.

Kampf entspricht weder deinem wahren Willen, noch ist er der Wille des Himmels. Kampf zerstört deinen Frieden, das Fundament von Liebe und Glück, und stärkt durch Angriff und Selbstangriff stattdessen das Fundament des Egos. Entscheide dich für den Willen Gottes und deinen wahren Willen, denn nur sie können dich glücklich machen.

Lektion 78

Empfindsamkeit richtig einsetzen

Viele Menschen sind empfindsam. Manche sind sogar überempfindsam. Je empfindsamer du bist, umso eher kann es passieren, dass du verletzt wirst oder einen Herzensbruch erleidest. Es gibt aber eine Möglichkeit, dies zu verhindern, denn anderenfalls ziehst du dich zurück und fühlst dich vor den Kopf gestoßen, während du zunehmend allergischer auf dein Umfeld reagierst. Deine übergroße Empfindsamkeit macht es anderen Menschen schwer, dir eine Freude zu bereiten, und oftmals bist du schnell gereizt. Genauso schnell wirst du verdrießlich, stellst Forderungen oder beschwerst dich. Damit setzt du deine Empfindsamkeit falsch ein, denn in Wahrheit ist sie eine Antenne.

Um zu verhindern, dass du verletzt wirst, kannst du deine Empfindsamkeit bündeln und für die Gaben in deinen Beziehungen und deiner Arbeit einsetzen. Du kannst sie voll und ganz für deine Aufgaben einsetzen, und Missbrauch gehst du am besten dadurch aus dem Weg, dass du sie in die Hände des Himmels legst. So verhinderst du, dass du sie für deine Besonderheit einsetzt oder benutzt, um die Aufmerksamkeit auf dich zu lenken. Sobald du deine Empfindsamkeit – durch deine bewusste Entscheidung – gebündelt hast, kannst du sie in die Hände des Himmels legen und erkennen, welche Gabe im Gegenzug offenbar wird. Gaben helfen dir und den Menschen in deiner Umgebung. Sie erzeugen Fluss, machen alles einfacher und bringen dir Erfüllung. Wenn du deine Empfindsamkeit richtig einsetzt, statt sie zu benutzen, um zu nehmen, dann entwickelst du immer mehr deine Gaben, und deine Empfindsamkeit bringt Eleganz, Schönheit und Offenheit anstelle des dunklen Glanzes, der daher rührt, dass du verwundet wirst und die Aufmerksamkeit auf dich selbst lenkst.

Echte Empfindsamkeit hilft dir, dich in andere Menschen und in Situationen einzufühlen. Wenn du sie richtig einsetzt, entwickelt sie sich zu künstlerischen, medialen und heilenden Gaben. Sie vergrößert deine Bewusstheit, und sie bringt Schönheit in dein Leben sowie in das Leben der Menschen in deiner Umgebung hinein.

Lektion 79

Bei einem Kampf bist du aufgefordert, deine Wahrnehmung zu ändern

Bei einem Kampf bist du aufgerufen, deine Wahrnehmung dessen zu ändern, was geschieht. Du bist für das verantwortlich, was du siehst, weil es von deinen Entscheidungen, deinen Glaubenssätzen und deinen Gedanken herrührt, für die du verantwortlich bist und die deine Wahrnehmung und somit deinen Blick auf die Welt beeinflussen.

Ein Blick in dein Unterbewusstsein zeigt, dass du das siehst, was du sehen willst. Du siehst es, weil du es so entschieden hast. Die Entscheidung trifft dein Ego, aber durch Heilung kannst du die Mauern des Egos zum Schmelzen bringen, sodass ein höheres Maß an Fluss möglich wird. Die Auflösung des Egos und der Welt, die es wahrnimmt, ist das wirkliche Ziel, das Freude jenseits aller Freude bringt. Der Weg der Heilung transformiert zunächst die negative Wahrnehmung und schließlich alle Wahrnehmung zum Himmel auf Erden. Natürlich leugnest du und verbirgst viele Dinge – vor allem Aggression – in deinem Unterbewusstsein und deinem Unbewussten. Mit deiner Entscheidung für einen Kampf ergreifst du Partei für dein Ego, statt den Weg deines höheren Bewusstseins zu gehen. Es ist eine Entscheidung für Trennung, Unabhängigkeit und Angriff. Es ist ein Versuch, die Kontrolle zu gewinnen, einen anderen Menschen zu beschuldigen, Recht zu haben, dich und andere Menschen anzugreifen und ganz allgemein die Position deines Egos zu stärken. Die Entscheidung für dein höheres Bewusstsein hätte dir dagegen Gaben, Gnade, deine Lebensaufgabe und deine Bestimmung gebracht. Die Furcht davor, dein Licht leuchten zu lassen, und dein Wunsch nach Kleinheit haben dich jedoch dazu gebracht, in dein Ego zu investieren. Alle Trennung ist nur deshalb entstanden, damit du versuchen kannst, den Druck zu verlagern, indem du ihn anderen Menschen aufbürdest. Es ist an der Zeit, deine Wahrnehmung zu ändern, indem du Verantwortung für das übernimmst, was du siehst und fühlst. Außerdem kannst du dich bewusst dafür entscheiden, Frieden und Liebe an die Stelle dessen zu setzen, was du siehst und fühlst. Wenn du die Szene betrachtest und deine Gefühle fühlst, kannst du sagen: „Ich will Frieden und Liebe anstelle dessen, was ich sehe und fühle."

Nimm danach wahr, ob das Gefühl sich gebessert oder verschlimmert hat. Achte auch darauf, wie die Situation sich für dich darstellt. Eine Verschlechterung bedeutet, dass es sich um tief eingepresste Emotionen handelt, die aus deinem Inneren nach oben steigen. Entscheide dich wieder: „Ich will Frieden und Liebe anstelle dessen, was ich sehe und fühle."

Nimm erneut wahr, wie das Gefühl sich anfühlt und wie die Situation sich für dich darstellt. Erkläre wiederum: „Ich will Frieden und Liebe anstelle dessen, was ich sehe und fühle."

Nimm noch einmal wahr, wie die Situation sich für dich darstellt, und triff noch einmal die Entscheidung: „Ich will Frieden und Liebe anstelle dessen, was ich sehe und fühle."

Irgendwann verändern die Situation und deine Gefühle sich in eine positive Richtung. Entscheide dich immer wieder für Frieden und Liebe, bis die Situation sich so darstellt und anfühlt, als seiest du im Garten Eden gelandet. Nutze dieses Prinzip nicht nur für gegenwärtige Probleme und schlechte Gefühle, sondern auch für schmerzhafte Situationen, die in der Vergangenheit stattgefunden haben, um sie und ihre selbstschädigenden Muster zu transformieren.

Lektion 80

Ein Kampf lässt dir die Wahl, deinen Zorn zu verlagern

Bei einem Kampf verlagerst du deinen Zorn auf denjenigen, gegen den du kämpfst. Du kannst den Druck, den Stress oder die Gefühle, die dein Zorn in dir hervorruft, nicht ertragen und versuchst deshalb, dich von diesen Emotionen zu befreien, indem du sie über einem anderen Menschen ausgießt. Hinzu kommt, dass Schuld zu Angriff und Selbstangriff führt. Dein Selbstangriff zeigt sich darin, dass du den anderen als Werkzeug benutzt, um dich selbst anzugreifen. Mit jeder Trennung, die du vollzogen hast, hat sich der Angriff, den du aus einem Gefühl der Schuld und somit des Zorns heraus geführt hast, in dir aufgebaut. Seit dem Fall aus dem Zustand der Gnade hat sich Zorn in dir angesammelt, auch wenn du ihn größtenteils unterdrückt oder verdrängt hast. Manchmal wirfst du anderen Menschen vor, dass sie dich fortstoßen, verbirgst damit in Wirklichkeit aber nur deinen Wunsch nach Trennung.

Du kannst nicht Liebe und Zorn gleichzeitig fühlen. Du fühlst entweder das eine oder das andere. Du kannst dich nicht auf Gott besinnen oder ein goldenes Leben führen, solange du andere Menschen oder dich selbst angreifst. Du musst deinen Zorn aufgeben, denn er ist ein Fehler, den das Ego benutzt hat, um seine eigene Stellung zu festigen.

Ein Kampf ist die perfekte Möglichkeit, deinen Zorn über jemand anderem auszugießen, der damit nur insofern etwas zu tun hat, als dass er unterbewusst glaubt, ihn verdient zu haben. Hinzu kommt, dass dich bei ihm genau das zornig macht, was du selbst tust. Es ist an der Zeit, dir aller Formen bewusst zu werden, die Zorn annehmen kann, und sie als Fehler loszulassen. Das Maß, in dem du dich unschuldig fühlst, entspricht dem Maß, in dem du den Angriff auf dich selbst und andere Menschen loslässt. Es ist an der Zeit, deinen Zorn loszulassen, damit du die Liebe, das Paradies und Gott in deinem Leben wieder willkommen heißen kannst.

Lektion 81

Bei einem Kampf bist du aufgefordert, eine neue Entscheidung zu treffen

Jeder Kampf ist eine Antwort auf die Aufforderung des Egos, dich zu trennen und nicht weiterzugehen. Er bedeutet, dass du den Köder deines Egos geschluckt hast und einen alten Fehler wiederholst. Wenn du dem Kampf jedoch den Rücken kehrst und eine andere Entscheidung triffst, lässt dein höheres Bewusstsein dir jede Unterstützung zuteilwerden, die du brauchst. Wenn du dich einem Weg der Heilung verpflichtest, ist das, was in dir hochkommt, nur etwas, das der Heilung bedarf. Weil du einen Weg der Heilung gehst, hast du die Entscheidung, dich dem Licht zuzuwenden, bereits getroffen. Jedes Mal, wenn du ihr treu bleibst, erfolgt die Entscheidung automatisch, sodass du jeden Kampf bereits im Keim ersticken kannst.

Du kannst dich neu für Wahrheit und Heilung entscheiden, wenn du bereit bist, die Tür in deinem Geist zu öffnen, die zu deiner Seelengabe führt, und wenn du die Gnade und die Wunder des Himmels annimmst. Du kannst dich zu deiner Lebensaufgabe und deiner Bestimmung bekennen, denn sie haben die Fähigkeit, die beiden Seiten eines Kampfes in neue Ganzheit zu verwandeln, die Frieden und beiderseitigen Erfolg bringt.

Ein Kampf zeigt dir ein Muster, das auf einer alten Entscheidung beruht. Du kannst die Entscheidung umkehren, die dich dazu gebracht hat, dich zu trennen, sodass du erkennst, dass nicht Kampf, sondern Gemeinsamkeit der einzige Weg ist, der voranführt. Eure Verbindung bewirkt, dass dein Gegner den Frieden und die Energie einbringt, die notwendig sind, um ein höheres Maß an Ganzheit für euch beide entstehen zu lassen. Das geschieht allerdings nur dann, wenn du dich dafür entscheidest, dich mit ihm zu verbinden. Du brauchst nicht mit ihm einer Meinung zu sein, um dich mit ihm zu verbinden. Durch eure Verbindung findet aber eine Integration statt, die der beste Weg ist. Triff eine andere Entscheidung. Schätze den Frieden höher als dein Ego und seine Werte, die dich nirgendwohin bringen. Besonderheit, Aufmerksamkeit, dunkler Glanz, Projektion, der Wunsch, Recht zu haben, Angriff, Selbstangriff, der Wunsch zu gewinnen und Angst vor dem nächsten Schritt sind selbstschädigend, lenken dich ab und halten dich auf. Du könntest stattdessen Frieden sehen. Entscheide dich immer wieder für den Frieden, um durch alle Schichten des Kampfes hindurchzugelangen.

Lektion 82

Bei einem Kampf gibt es immer die Möglichkeit, dass beide Seiten gewinnen

Bei einem Kampf gibt es immer die Möglichkeit, dass beide Seiten gewinnen, und zwar nicht nur jetzt, sondern für alle Zeit. Erreicht wird es dadurch, dass du erkennst, dass es möglich ist, und indem du dich auf Gott oder den Heiligen Geist berufst. Die Eingebung, die dir aus der zeitlosen Dimension geschenkt wird, kann sehr praktischer Natur sein. Sie kann dich unmittelbar oder Schritt für Schritt zu dem hinführen, was notwendig ist, damit beide Seiten gewinnen. Eine aufrichtige Bitte lässt dir die Führung zuteilwerden, die notwendig ist, damit Ebenbürtigkeit und Wechselseitigkeit entstehen können. Bitte um diese Eingebung. Wünsche sie dir von ganzem Herzen. Erlaube ihr, dir den Weg zu zeigen, der euch beide einen großen Sprung voran ermöglicht. Radikales Vertrauen ist die Richtung, in die wir uns alle entwickeln, damit wir wieder wie Kinder werden. Auf der evolutionären Skala ist dies das Stadium der Meisterschaft und darüber hinaus. Es ist, wie Jesus gesagt hat: „Wenn ihr nicht umkehrt und wie die Kinder werdet, könnt ihr nicht in das Himmelreich kommen." Überlasse dem Himmel das Ruder deines Lebens, damit du sorgenfrei leben und dich der Hilfe und den Antworten öffnen kannst, die der Himmel für dich bereithält, damit euch beiden ein großer Sprung voran gelingen kann.

Finde heute tiefe Entspannung, indem du in Gott ruhst. Wenn dein Geist still geworden ist, bitte um Führung oder Weisung. Lasse zu, dass die Botschaft, die du empfängst, durch Gnade verwirklicht wird. Wenn du den Weg findest, der es möglich macht, dass ihr beide gewinnt, und der zugleich der

Weg des Himmels ist, kannst du sehr viel Zeit sparen. Wenn eine Seite das Gefühl hat, verloren zu haben, flammt der Kampf immer wieder neu auf. Lasse zu, dass ihr beide durch Ganzheit, Wechselseitigkeit und Ebenbürtigkeit gesegnet werdet. Der Himmel ist auf deiner Seite und hilft dir, den Weg zu finden, der euch beide gewinnen lässt. Er liebt euch beide gleichermaßen. Er segnet dich mit einer Lösung, wenn du nur auf ihn hörst. Diese Lösung birgt die Zuversicht in sich, dass ihr beide auf einer ganz neuen Ebene erfolgreich sein könnt. Warum willst du Zeit verschwenden, wenn die Antwort hier und jetzt zu finden ist? Wenn dein Wunsch, sie zu wissen, größer ist als deine Angst, dann wird sie dir geschenkt. Entspanne dich deshalb in die Stille hinein, denn Frieden heilt Angst und die Antwort kann euch beiden zuteilwerden. Finde Entspannung in den Armen des Himmels, und lasse dich von seinem Frieden erneuern und öffnen.

Lektion 83

Ein Angriff ist ein Hilferuf

Ein Angriff ist ein Hilferuf, denn alles, was nicht Liebe ist, ist ein Ruf nach Liebe. Einen anderen Menschen anzugreifen heißt, dich auf die Seite des Egos zu stellen, das glaubt, du seiest unzulänglich und schwach. Angriff ist der Wunsch, dich mit einem anderen Menschen auf eine Stufe oder sogar über ihn zu stellen, was aber niemals gelingen kann. Das Ego schwächt dich durch Selbstangriff und bietet dir anschließend seine Hilfe an, um dich stärker zu machen, indem es dir vorschlägt, einen anderen Menschen anzugreifen. Dein Angriff stärkt das Ego. Außerdem erzeugt er Schuld, Angst, Machtkampf und Rache, die ebenfalls dazu dienen, die Position des Egos zu stärken. Der Weg der Heilung führt dagegen zu Ganzheit und Frieden. Aus diesem Frieden strömen Liebe, Fülle und alle guten Dinge hervor.

Du stehst ständig vor der Entscheidung, entweder dein Ego zu stärken oder deine Ganzheit zurückzugewinnen. Wenn du anderen Menschen hilfst, erkennst du, dass auch du Hilfe in Anspruch nehmen kannst, wenn du sie jemals brauchst. Wenn du glaubst, dein Ego müsse verteidigt werden, wenn dich jemand angreift, dann ziehst du dich zurück oder greifst deinerseits an. Wenn du jedoch erkennst, dass das Ego und seine Selbstkonzepte es nicht wert sind, verteidigt zu werden, kannst du dich stattdessen für den Weg der Heilung entscheiden. Wenn du dich für dein Ego entscheidest, spaltest du dein Bewusstsein und erklärst dich selbst für minderwertig. Das Ego nutzt diesen Umstand, um dich zu verleugnen, weil du seiner nicht würdig bist. Es verurteilt dich zum Tod und wartet nur darauf, dein Urteil zu vollstrecken. Wenn du den Weg der Heilung wählst, dann weißt du, dass jeder Mensch wichtig ist, weil er dir entweder hilft oder weil er dir das spiegelt, was in dir der Heilung bedarf.

Lektion 84

Unglücklichsein ist immer der Versuch, Recht zu haben

Alle deine Glaubenssysteme begrenzen dich. Weil negative Glaubenssätze natürlich eine viel destruktivere Wirkung haben und dich in viel stärkerem Maße begrenzen als positive Glaubenssysteme, ist es wichtig, dich von ihnen zuerst zu befreien. Du hast deine Glaubenssysteme durch Gedanken erschaffen, in die du deinen Glauben investiert hast. Genau diese Glaubenssysteme sind gleichzeitig auch Konstellationen deiner Persönlichkeiten, denn jeder Glaubenssatz stellt ein Selbstkonzept dar. Alle deine Selbstkonzepte hüllen dich in einen lebensgroßen Gummiüberzug ein. Sie verhindern jeden Kontakt und bringen jeden Fluss zum Stillstand. Außerdem machen sie uns Vorschriften darüber, wie wir die Welt zu sehen haben.

Glaubenssätze bestimmen deine Wahrnehmung und deine Erfahrung. Es ist weit weniger eine Frage von „sehen heißt glauben" als vielmehr eine Frage von „glauben heißt sehen". Was du siehst, verstärkt lediglich deine Glaubenssätze, denn alles, was du erlebst, geschieht genau so, wie du es in deiner Vorstellung glaubst. Du hast dich allen Dingen verschrieben, die du erschaffen hast. Du willst Recht haben, wenn es um die Dinge geht, denen du dich verschrieben hast, denn du hast sowohl deinen eigenen Charakter erschaffen als auch die Welt, die du wahrnimmst.

Alle diese Glaubenssätze und Selbstkonzepte sind Trennung, und Trennung führt zu Schmerz, Angst und Schuld. Dein Verlangen danach, Recht zu haben, ist die Abwehrstrategie, die du benutzt, um Schmerz, Angst und Schuld in Schach zu halten. Selbstkonzepte bringen jeden Fluss zum Stillstand, und

Glaubenssysteme engen die Realität dessen ein, was möglich ist. Ein Glaubenssystem kann im Fluss deines Lebens nicht nur einen Stau verursachen, sondern auch ein hohes Maß an Dissoziation, das von der Abspaltung deiner Selbstkonzepte herrührt. Wenn du unglücklich bist, ist der Fluss unterbrochen. In *Ein Kurs in Wundern* heißt es, dass du nicht Recht haben und glücklich sein kannst. Wenn du unglücklich bist, versuchst du, Recht zu haben, an deinen Glaubenssätzen festzuhalten und der Offenheit für eine tiefere Wirklichkeit aus dem Weg zu gehen, die nicht negativ ist. Wenn du nicht uneingeschränkt glücklich bist, lege dein Bewusstsein in die Hände des Himmels, indem du dich einer größeren geistigen Wirklichkeit öffnest, die auf Liebe und Glück beruht. Lasse zu, dass du über deine Glaubenssätze und Begrenzungen hinausgebracht wirst, und erlebe die Welt mit ganz neuen Augen. Das Leben ist so wunderbar, wie du es ihm zu sein erlaubst. Gib dein Verlangen danach auf, in Bezug auf dich selbst, andere Menschen und das Leben unbedingt Recht haben zu wollen. Frage dich, welche Glaubenssätze über dich selbst dich unglücklich machen. Frage dich, welche Glaubenssätze über andere Menschen dich unglücklich machen.

Frage dich, welcher Glaubenssatz über das Leben dich unglücklich macht.

Sei bereit, alle Glaubenssätze über dich selbst, andere Menschen und das Leben loszulassen, die dir spontan in den Sinn kommen, damit du wieder offen für das Glück bist.

Lektion 85

Bei einem Kampf bist du aufgefordert, Angst zu heilen

Ein Kampf erzeugt Angst, denn er ist von Angriff und Selbstangriff geprägt. Weil du glaubst, dass der Angriff, den du gegen dich selbst richtest, dich verletzt, glaubst du auch, dass der Angriff, den du gegen jemand anderen richtest, und der Angriff, den er gegen dich richtet, dich verletzen. Das erzeugt ein hohes Maß an Angst, aber wenn du auf der Seite des Himmels und nicht auf der Seite des Egos stehst, dann konzentrierst du dich darauf, die Angst und den Angriff zu heilen. Der Schlüssel besteht darin, keine Angst vor der Angst zu haben, weil die Angst aufgelöst wird, wenn du dich ihr stellst, so wie die Schatten verschwinden, wenn du dich der Sonne zuwendest, und länger werden, sobald du ihr den Rücken zukehrst.

Wenn du dich der Angst stellst, wirst du Glaubenssätze und Glaubenssysteme entdecken, die deine Angst verteidigt. Es sind genau die Selbstkonzepte, die das Ego verteidigt, denn es besteht aus ihnen, und es kämpft um sein Leben. Deine Glaubenssätze zeigen, dass du in das Ego investiert hast. Du bist ihnen verhaftet, weil du sie erschaffen hast. Du hast sie vor dir selbst verborgen, aber jetzt ist es an der Zeit, dir zu überlegen, ob du sie wirklich haben willst. Alle diese Konzepte, die letztlich Selbstkonzepte sind, hast du auf Kosten deines Selbstwertgefühls erschaffen, denn sie sind entstanden, als du deine Verbundenheit zerstört und dein Bewusstsein gespalten hast. Das Ego benutzt deinen Mangel an Selbstwert, um dich zum Tod zu verurteilen. Das Ego glaubt, einer von euch müsse sterben: entweder es oder du. Es traut dir nicht, weil es – zu Recht – glaubt, dass du es für den Himmel verraten wirst. Aus diesem Grunde macht das Ego dich glauben, dass du ein Körper bist und folglich auf den Tod zusteuerst, statt dich erkennen zu lassen, dass du ewigwährender Geist bist. Das Ego will dich umbringen. Es hat dein Todesurteil bereits gesprochen, wartet jedoch noch mit der Vollstreckung, um dich vorher noch ein wenig zu foltern und sich daran zu weiden. Deshalb ist es von entscheidender Bedeutung, deine Glaubenssätze und Glaubenssysteme zu überprüfen, die Angst erzeugen, um das Ego zu schützen. Lohnt es sich wirklich, diese Identität zu haben? Ist sie das, was du willst, obwohl du erkennen könntest, dass du ewiger, unbegrenzter Geist bist? Du würdest keine negativen und noch nicht einmal positive Glaubenssätze brauchen, um deine negativen Glaubenssätze zu kompensieren. Dies gilt vor allem dann, wenn sie die Ursache von Angst und Gefühlen der Wertlosigkeit sind.

Wenn du Angst hast, stelle dich ihr also und finde heraus, was sie verteidigt, indem du nachschaust, was unter ihr verborgen liegt. Entscheide dich dann, ob diese Glaubenssätze die Angst wert sind und ob sie tatsächlich das sind, was du willst, denn sie sind mit einem Todesurteil verbunden.

Wenn du die Angst heilst, erkennst du Angriff als das, was er wirklich ist: das Ego, das es darauf abgesehen hat, Besitz von deinem Leben zu ergreifen und ihm irgendwann ein Ende zu setzen.

Lektion 86

Verlust lässt Angst entstehen

Verlust rührt von Trennung her und erzeugt Angst. Du erkennst nicht, dass du die Verbindung zu einem Menschen, zu dem du in einer Beziehung stehst und der dich oder seinen Körper verlässt, nicht trennen musst. Dein Kummer und die Verletzung, die du empfindest, sind der Teil von dir, der sowohl getrennt als auch verhaftet oder verschmolzen, nicht jedoch verbunden war. Wenn du einen Verlust erleidest, kannst du dir also bewusstmachen, dass du nicht zu leiden brauchst. Du kannst dich stattdessen mit dem betreffenden Menschen verbinden, wenn er dich verlässt. Dies erzeugt ein Gefühl der Liebe, und es hält dich nicht zurück wie das Leiden, das auf Verhaftung hinweist. Ein Gefühl der Zärtlichkeit kommt auf, wenn du deinen Kummer loslässt.

Wenn ein erlittener Verlust nicht losgelassen wird, dann glaubst du, dass die Zukunft der Vergangenheit gleichen wird. Du siehst die Zukunft durch die Augen der Vergangenheit. Wenn du also Traurigkeit empfindest – ein sicheres Zeichen dafür, dass du den Prozess des Loslassens noch nicht abgeschlossen hast –, dann empfindest du in gleichem Maße auch Angst. Wenn du die emotionale Heilung der Vergangenheit dagegen abgeschlossen hast, dann bleiben nur Frieden, Fluss und Segenswünsche. Anderenfalls bist du von Sorgen und Angst erfüllt. Sowohl Verlust als auch Angst sind Früchte deiner Trennung, die aber noch mit anderen Emotionen wie Gefühlen der Verlassenheit, der Unzulänglichkeit, der Verletztheit und der Schuld einhergehen. Tatsächlich sind alle deine Emotionen ein sicheres Zeichen dafür, dass du dich trennst oder dass eine alte Trennung zur Oberfläche emporgestiegen ist.

Meine bevorzugte Methode, wenn es darum geht, Verlust und Angst zu heilen, besteht darin, meine Zukunft in die Hände Gottes zu legen, wie es in *Ein Kurs in Wundern* heißt. Wenn du dich immer wieder dafür entscheidest, können Frieden und Fluss dir auf immer tieferen Ebenen zuteilwerden. Der Neuanfang, der aus diesem Verlust hervorgeht, birgt all die Liebe, Dankbarkeit und Wehmut, die der Prozess des Loslassens mit sich bringt.

Lektion 87

Gehe in einem Kampf auf deinen Partner zu

Wenn du in einen Kampf verstrickt bist, hast du in die Absicht deines Egos investiert, die in Trennung besteht. Du gehst nicht in die Richtung, die dir Erfolg und Nähe auf einer neuen Ebene ermöglicht, sondern hast die entgegengesetzte Richtung eingeschlagen. Kämpfe lassen das Ego dick und rund werden. Bei einem Kampf investierst du in deine Selbstkonzepte und eine bestimmte Persönlichkeit. Du bist aufgerufen, stattdessen in das Leben und vor allem in dein eigenes Leben zu investieren. Wenn du gewinnst und dein Partner oder Gegenspieler verliert, dann verliert er seinen Wert und ihr beide verliert eure Ebenbürtigkeit. Das hat zur Folge, dass er seine Attraktivität verliert. Damit verlierst du, denn er wird von dir abhängig. Das führt wiederum dazu, dass ihr beide in die Aufopferung geht. Die Richtung, die Erfolg und Nähe bringt, führt jedoch auf deinen Partner oder Gegner zu. Stelle dich mutig den Emotionen, durch die du hindurchgehen musst, um ihn zu erreichen. Es mag zwar den Anschein erwecken, als handle es sich um seine Emotionen, aber es sind auch die deinen. Es obliegt dir, sie zu heilen, und du tust es ganz einfach dadurch, dass du auf deinen Partner oder Gegner zugehst und dich mit ihm verbindest. Das Ego verfolgt mit diesen Emotionen die Absicht, die Trennung festzuschreiben. Damit sichert es seine eigene Position und erhält das Problem aufrecht.

All das kann sich ändern, wenn du dich – ganz gleich, was auch geschieht – deinem Partner verpflichtest. Verpflichte dich nicht nur deinem Partner, sondern allen Menschen, mit denen du dich in einem Konflikt befindest. Du kannst dich mit jedem Menschen verbinden. Es bringt dich zum nächsten Schritt des Erfolges voran. Du stellst deinen eigenen Wert und den Wert anderer Menschen wieder her, indem du dich mit ihnen verbindest und unablässig zu ihnen hinausreichst. Dies heilt euch beide, denn dich einem anderen Menschen zu öffnen gibt dir Selbstwert, und dieser Selbstwert wird zur Selbstliebe. Wenn du einem anderen Menschen gibst, indem du auf ihn zugehst, um dich partnerschaftlich mit ihm zu verbinden, dann ist dein Geben ein Akt sowohl der Wertschätzung als auch der Liebe zu ihm. Es bringt Aspekte deines Egos und seines Egos zum Schmelzen und lässt mehr Leben und mehr Fülle ein. Diese Form der Zuwendung trägt zu deiner Gesundheit und zum Fluss in deinem Leben bei.

Durch die Entscheidung, auf deinen Partner zuzugehen, erneuerst du dein Ziel, glücklich zu sein. Du entscheidest dich dafür, die Macht deines Egos nicht zu vergrößern, denn es würde dein Ego stärken und dich schwächen. Es würde dich ins Elend stürzen und wäre noch dazu mit einem sehr hohen Maß an Angriff und Selbstangriff verbunden. Wenn du deinen Partner erreichst, gelangst du auf die nächste Stufe von Erfolg und Nähe. Mitunter kann das bedeuten, dass du in die nächste Schicht dessen fällst, was der Heilung bedarf, aber da der Kampf vorüber ist, kann Heilung viel leichter geschehen. Dies gilt auch für den Fall, dass es sich bei der nächsten Schicht, die in Erscheinung tritt, um geheilt zu werden, um eine Seelenverletzung handelt. Setze dir bei einem Kampf das Ziel, deinen Partner zu erreichen, denn dies lässt Wechselseitigkeit entstehen, die ein Schlüsselelement des Erfolges ist.

Lektion 88

Kampf beginnt mit Selbstangriff

Du glaubst, dass Selbstangriff eine Wirkung hat. Du glaubst, dass er dich schwächt. Dies ist nicht nur das Wesen, sondern zugleich auch der Trugschluss allen Angriffs. Weil du glaubst, dass dein Angriff dich geschwächt hat, glaubst du auch, dass er einen anderen Menschen schwächen wird. Und weil du dich selbst geschwächt hast, glaubst du, weniger wert zu sein als andere Menschen. Das hat zur Folge, dass du sie angreifst, um dafür zu sorgen, dass sie auf einer Ebene mit dir oder sogar unter dir stehen. Der Anschein, dass dein Kontrahent durch deinen Angriff geschwächt wurde, verstärkt die Vorstellung, dass Angriff schwächt. Dein Selbstangriff und die Überzeugung, dass er dich schwächt, sind ein Verrat an der Unverwundbarkeit, die daher rührt, dass du dich selbst als reiner Geist erkennst. Selbstangriff führt einen Schlag gegen die Erfahrung deiner Ganzheit und spaltet dein Bewusstsein. Du glaubst daran, dass du schwach bist, weil ein gespaltenes Bewusstsein eine Investition in Schwäche ist. Nach deinem Selbstangriff richtest du deinen Angriff auf andere Menschen.

Jeder Angriff beginnt mit Selbstangriff, und dies ist der Punkt, an dem das Ego – das Prinzip der Trennung – mit seiner Erschaffung beginnt. Wenn du deine Ganzheit und deine unverwundbare geistige Wesensnatur erkennen könntest, dann würdest du auch erkennen, dass der Angriff auf dich selbst unwirksam ist. Die gesamte Grundlage, auf der aller Angriff fußt, würde ausgehöhlt, denn wenn er bei dir nicht funktioniert, richtest du ihn auch nicht gegen andere Menschen. Wenn du Frieden, Ganzheit und deine geistige Wesensnatur wertschätzt, kannst du dich niemals für schwach halten oder glauben, eine

Situation ausgleichen zu müssen. Angriff und Selbstangriff werden als sinnlos erkannt.

Gib allen Selbstangriff auf und investiere vor allem nicht den Glauben, dass er dich schwächt. Du investierst nur deshalb in Selbstangriff und Angriff, weil du deine eigene Welt mit deinen eigenen Glaubenssätzen erschaffen willst, und das hat zur Folge, dass du sowohl vom Einssein als auch vom Himmel getrennt bist. Wenn du erkennst, dass Gott und seine Liebe alles sind, was du willst, investierst du in Harmlosigkeit und in Selbstvergebung. Du gibst die Welt, die du erschaffen hast, zugunsten der Welt auf, die Gott erschaffen hat und die keinen Angriff und somit auch kein Leiden kennt.

Dies ist eine wichtige Lektion im Hinblick darauf, jeden Kampf aufzugeben. Du kannst jemand anderen nur dann angreifen, wenn du bereits begonnen hast, dich selbst anzugreifen, und glaubst, von deinem Selbstangriff verwundet worden zu sein.

Lektion 89

Bei einem Kampf bist du zur Vergebung aufgerufen

Bei einem Kampf bist du zur Vergebung aufgerufen, denn das, was du siehst, ist nur das, was du von dir selber glaubst. Wie du auf einen anderen Menschen eingehst, entspricht der Art und Weise, in der du auf dich selbst eingehst. Einem anderen Menschen zu vergeben heißt, dir selbst zu vergeben und die heimliche Schuld loszulassen, die dich zurückhält. Der Konflikt, den dieser Kampf zeigt, wird durch Schuld und Angst genährt und durch Vergebung gelöst.

Wenn du einen anderen Menschen anschauen und dich dafür entscheiden kannst, dich selbst für das, was du in ihm wahrnimmst, nicht zu verurteilen, seid ihr beide frei. Wenn du erkennen könntest, dass dein Gegner in diesem Kampf in Not ist und für dein heimliches Hilfebedürfnis steht, wäre euch beiden geholfen. Auf ihn einzugehen, ihm seine Unschuld zurückzugeben und damit deine eigene Unschuld auf noch tieferen Ebenen zurückzugewinnen befreit dich, ihn und die Welt.

In Wirklichkeit brauchst du den anderen, um zu erkennen, was in dir selbst der Heilung bedarf. Diese Heilung geschieht nicht durch Flickschusterei, sondern durch die Verbindung, die mit Vergebung einhergeht. Sie zeigt, dass gemeinsame Interessen in deinem ureigenen Interesse liegen. Darüber hinaus solltest du ihm dankbar sein, dass er dir gezeigt hat, was du erfolgreich vor dir selbst verborgen hattest und was nun geheilt werden kann.

Vergib also allen Menschen, die sich dir vermeintlich entgegenstellen, und sei ihnen dankbar, denn sie zeigen dir die verborgenen Kammern der Dunkelheit in deinem Geist, die der Befreiung durch das Licht bedürfen.

Lektion 90

Bei einem Kampf bist du zur Ganzheit aufgerufen

Ein Kampf bedeutet, dass du in der Polarität gefangen bist. Eine Seite deiner selbst kämpft gegen die andere, doch jede Seite birgt die halbe Antwort in sich. Obwohl das Handeln einer der beiden Seiten in diesem Kampf völlig falsch sein mag, wird sie dennoch gebraucht, um ein Ganzes zu erschaffen. Die Tatsache, dass du einen anderen Menschen bekämpfst, ist ein Zeichen dafür, dass du den Anteil deiner selbst verurteilt und abgespalten hast, den er für dich darstellt. Du musst diesen Anteil ohne das Urteil zurückerlangen. Es muss eine Verbindung oder eine Integration stattfinden, die in Wirklichkeit eine Reintegration ist, um Frieden und ein höheres Maß an Ganzheit zu erreichen. Wenn alle diese Spaltungen wieder integriert wurden, gelangst du erneut zur Erfahrung des Einsseins. Die Ganzheit, die sich infolge deiner Weiterentwicklung einstellt, lässt deine Konflikte weniger werden und bringt dir mit jedem Schritt zugleich ein höheres Maß an Unschuld und Macht.

Wenn du dich bei jedem Konflikt deiner Ganzheit verpflichtest, gewinnst du wertvolle Anteile deiner selbst zurück, die du abgespalten und ins Unrecht gesetzt hast. Hättest du es nicht getan, gäbe es keinen Kampf. Sobald du dich mit einem anderen Menschen verbindest – und dazu musst du nicht unbedingt mit ihm einer Meinung sein –, gehst du über den Kampf hinaus und gelangst wieder in einen Fluss, der dich voranbringt. Diese Ebene der Trennung ist überwunden, und das führt dazu, dass ein Teil der Schuld und der Angst, die ihr beide in euch tragt, geheilt wird. Größere Zugehörigkeit stellt sich ein, die so lange andauert, bis die nächste Spaltung in Form eines Konfliktes zutage tritt. Jeder Kampf bietet dir die Chance, ein höheres Maß an Ganzheit zu erreichen, das ein höheres Maß an Erfolg und Nähe ermöglicht. Jede Beziehung gibt dir die Chance, über den Ort hinauszugelangen, an dem du dir mit deinem egoistischen Wunsch nach Trennung selbst Grenzen auferlegt hast.

Es ist an der Zeit, jeden Kampf umzukehren, dein Selbst zurückzugewinnen und nicht nur Bewusstheit, sondern auch den Fluss einzubringen, der von einem höheren Maß an Ganzheit herrührt.

Lektion 91

Finde bei jedem Kampf deinen heimlichen Plan

Finde bei jedem Kampf deinen heimlichen Plan. Bei einem Kampf geht es, wie bereits beschrieben, darum, Bedürfnisse erfüllt zu bekommen und Recht zu haben, wenn zumindest ein Teil von dir glaubt, im Unrecht zu sein. Du benutzt einen Kampf auch, um dich vor Angst zu schützen, indem du den nächsten Schritt nicht gehst. In Wahrheit kannst du deine Angst nur dadurch heilen, dass du ihn gehst. Um durch sie hindurchzugelangen, stelle dich dem, was dir Angst macht, und gehe darüber hinaus. Bei einem Kampf gibt es jedoch noch andere Aspekte, die es zu entdecken und zu heilen gilt. Wenn du deine Intuition nutzt, kannst du unterbewusste Muster bewusstmachen, über deine Leugnung hinausgelangen und deine Macht zurückgewinnen.

Versuche, auf jede der folgenden Fragen eine Antwort zu finden, bevor du zur nächsten Frage weitergehst. Deine Bereitschaft sorgt dafür, dass die besten Antworten dir unmittelbar in den Sinn kommen. Auf alle diese Fragen gibt es eine Antwort. Manche sind wichtiger als andere, aber sie alle können dir helfen, das zusammenzufügen, was du vor dir selbst verborgen hast. Danach kannst du dich bewusst dafür entscheiden, ob du dich auf die Seite deines höheren Bewusstseins stellst und die Situation nutzt, um Frieden zu finden, oder ob du mit deinem Ego paktierst und das Muster weiter verstärkst.

Stelle dir die folgenden Fragen:

- Wozu benutze ich diesen Kampf?
- Was will ich durch diesen Kampf gewinnen?

Die nächste Frage birgt vermutlich mehrere Schichten.

- Was fürchte ich zu verlieren, sodass ich glaube, kämpfen zu müssen, um es zu behalten?
- Wovor verstecke ich mich?
- Wovor fürchte ich mich?
- Dieser Kampf verbirgt einen noch tiefer verborgenen Kampf. Gegen wen kämpfe ich sonst noch?
- Welchem Zweck dient dieser Kampf?
- Worin besteht die Belohnung für diesen Kampf?
- Wen außer dem Menschen, gegen den ich kämpfe, setze ich noch ins Unrecht?
- Worum geht es bei diesem Kampf?
- Im Hinblick worauf will ich Recht haben?
- Was erlaubt dieser Kampf mir zu tun?
- Was brauche ich nicht zu tun?
- Was beweise ich durch diesen Kampf?
- Was will ich in Bezug auf mich selbst kontrollieren?
- Wen will ich mit diesem Kampf noch kontrollieren?
- Warum versuche ich, den betreffenden Menschen mit diesem Kampf zu kontrollieren?
- Welche Ausrede liefert mir dieser Kampf?
- Welchem Aspekt meiner Lebensaufgabe kann ich aus dem Weg gehen, weil ich in diesen Kampf verstrickt bin?
- Was glaubte ich durch die Trennung, die dieser Kampf zur Folge hatte, zu bekommen?
- Worin liegen die Schuld und das Versagen meinerseits, die zu diesem Kampf geführt haben?
- Wessen Aufmerksamkeit versuche ich durch diesen Kampf auf mich zu lenken?

Wenn du die in deinem Unterbewusstsein verborgenen Motive entdeckst, kannst du oftmals sowohl sie als auch den Kampf selbst loslassen. Anderenfalls vergib dir selbst und den anderen an dem Kampf beteiligten Menschen so lange immer wieder, bis du den tiefen Frieden erfährst, der dir anzeigt, dass der Kampf vorüber ist.

Lektion 92

Wenn du dich unschuldig fühlst, nimmst du die Unschuld aller Menschen wahr

Wenn du das Gefühl hast, unschuldig zu sein, öffnest du dich in Liebe. Du nimmst die Unschuld aller Menschen wahr, weil du siehst, was du selbst zu sein glaubst. Deine Wahrnehmung wird durch deine Selbstkonzepte gefiltert. Je mehr Selbstkonzepte du hast, umso größer ist das Maß an Schuld, das du in dir trägst, denn jedes Selbstkonzept trennt dich, und Trennung erzeugt Angst, Schmerz und Schuld. Unschuld ist dagegen gleichbedeutend mit Ganzheit und rührt von der höchsten Ganzheit selbst her. Wenn du glaubst, unschuldig zu sein, siehst du nach wie vor Probleme und Fehler, empfindest aber vor allem Mitgefühl für die Fehler und die Menschen, die sie machen. Schuld sieht dagegen eine Missetat und hat den Wunsch, sie zu bestrafen. Sowohl Urteil als auch Bestrafung sind Versuche, das Unrecht, das du außen siehst, aber innen spürst, so weit wie möglich von dir fernzuhalten.

Alle Menschen fühlen sich schuldig, aber Unschuld ist die Wahrheit. Ohne Unschuld lernst du weder die Lektion, noch korrigierst du die Fehler. Schuld führt zu Angriff und Selbstangriff. Sie bewirkt, dass du dich von Ganzheit und Führung entfernst. Weil du die falsche Richtung eingeschlagen hast, entfernst du dich von dir selbst, von deinem Selbst und vom Himmel. Du setzt Muster in Gang, die sich als schmerzhaft und selbstschädigend erweisen und sich nicht deinem wahren Willen, sondern dem Wunsch des Egos nach Trennung und Angriff verschreiben. Je größer deine Unschuld ist, umso mehr Fülle lässt du zu. Deine Unschuld lehrt Unschuld und segnet die Welt durch ihr Vorbild. Unschuld verbreitet Verstehen, das der Schlüssel zu Heilung und Ganzheit ist.

Auch wenn du Schuld und die damit verbundenen Gefühle der Unwürdigkeit empfindest, entspricht sie weder aus psychologischer noch aus spiritueller Sicht der Wahrheit. Vom psychologischen Standpunkt her ist sie unwahr, weil sie wie alle Emotionen geheilt und zur Ganzheit zurückgeführt werden kann. Von einem spirituellen Standpunkt aus betrachtet hat Gott dich als reiner Geist erschaffen, und daran kann nichts geändert werden. Du kannst dich nur mit Selbstkonzepten überhäufen und ein Ego aufbauen, so als ob du wirklich etwas verändert hättest. Du hast nur geglaubt, dass diese Veränderung möglich ist. Dies hat dich tiefer in den Traum der Zeit geführt, der auf Trennung und Schuld aufgebaut ist und sich erst dann wieder in die Ewigkeit hinein auflöst, wenn du vollkommene Unschuld erlangst, weil du die Wahrheit über dich selbst akzeptiert hast.

Wenn du dich deiner eigenen Unschuld verpflichtest, dann verpflichtest du dich der Unschuld aller Menschen. Wenn du dich der Unschuld verpflichtest, dann verpflichtest du dich der Liebe und einer Welt der Sicherheit, der Heilung und der Ganzheit. Die ganze Evolution ist durch ein immer höheres Maß an Unschuld geprägt. Dies gilt auch für das höhere Bewusstsein. Unschuld und Wahrheit sind Synonyme. Gott ist Wahrheit, Unschuld und Einssein. Wir alle gehen früher oder später in diese Richtung. Warum nicht früher?

Lektion 93

Emotionen sind Teil des Kampfes

Bei einem Kampf glaubst du, die Emotionen, die du fühlst, seien aufgrund der Dinge entstanden, die dein Gegner tut. In Wahrheit rühren sie von dem her, was du tust. Sie sind Bestandteil des Waffenarsenals, das du benutzt, um dich zu verteidigen, und stellen selbst eine Form von Angriff dar. Mit einer ganz anderen Einstellung würdest du deine Emotionen oder deine Dissoziation nutzen, um zu erkennen, was der Heilung bedarf. Wenn du dissoziierst, gibst du die Kontrolle, die du mithilfe der Emotion erlangen willst, auf, weil du glaubst, dass Dissoziation dir ein noch höheres Maß an Kontrolle verschafft. Emotionen und Dissoziation sind jedoch nur verschiedene Waffen, die du benutzt, um die Kontrolle oder die Oberhand zu erlangen. Partnerschaft entsteht dagegen durch Verbindung und Miteinander. Sie geben dir Zuversicht anstelle von Kontrolle.

Waffen wollen zum Einsatz kommen, um ihre Nützlichkeit unter Beweis zu stellen und ihnen eine Daseinsberechtigung zu geben. Emotionen sind Waffen, die eine Form von Angriff darstellen. Frieden garantiert dagegen eine Sicherheit, die Emotionen dir niemals bieten können. Frieden fördert Liebe, Miteinander und Verbundenheit. Emotionen bekunden, dass du nicht nur mit anderen Menschen, sondern auch mit dir selbst im Widerstreit liegst. Dieser Kampf und die mit ihm verbundenen Emotionen zeigen nicht nur Angriff, sondern auch Selbstangriff. Sie zeigen einen Ort, an dem du dich selbst nicht liebst. Dich selbst zu lieben heißt, dich zu heilen. Dies löst die Emotion auf und öffnet dich für andere Menschen, sodass Verbindung und Freundschaft möglich werden. Dass ein Auto nicht rund läuft, erkennst du an den Problemen, die es hat. Eine Emotion ist ein Hinweis darauf, dass in dir etwas nicht rund läuft.

Lektion 94

Bei einem Kampf rührt dein äußerer Konflikt von einem inneren Konflikt her

Die Welt ist ein Spiegel deines Bewusstseins. Wenn du gegen einen anderen Menschen kämpfst, dann kämpfst du in Wirklichkeit gegen dich selbst. Der innere Konflikt hat sich auf die äußere Ebene ausgeweitet. Die Person oder Situation, die du auf der äußeren Ebene bekämpfst, spiegelt den Anteil deines Bewusstseins wider, mit dem du dich weniger identifizierst. Diesen Anteil verbannst du meist ins Unterbewusstsein oder sogar ins Unbewusste. Er wird dissoziiert, verborgen und verleugnet. Du bekämpfst ihn. Er scheint dich anzugreifen. In Wirklichkeit ist dies ein Kampf zwischen zwei Selbstkonzepten des Egos. Manchmal kann es sich sogar um einen Krieg zwischen Gruppen verschiedener Persönlichkeiten handeln. Es hat in jedem Fall nur mit dir zu tun. Je mehr du deinem Gegner also vergibst, umso stärker kannst du zu Harmonie und Wechselseitigkeit mit ihm und mit dir selbst gelangen. Annehmen kann in diesem Fall ein noch grundlegenderes Prinzip der Heilung sein als Vergebung. Was du annimmst, heilt deinen Widerstand und deinen Kampf. Was du bekämpft hast, wird losgelassen und in deinem Leben in die richtige Perspektive gerückt, statt dir sprichwörtlich um die Ohren zu fliegen. Auf diese Weise gelangst du wieder in den Fluss zurück und benutzt den Kampf nicht, um deine Angst zu verbergen. Die Integration dessen, wofür dein Gegner steht, hilft dir, zu neuer Ganzheit zu gelangen. Du kannst sie ganz einfach dadurch erreichen, dass du dir vorstellst, seine Position in einer Hand und deine Position in der anderen Hand zu halten. Bringe beide Positionen und die Selbstkonzepte, für die sie stehen, zum Schmelzen, bis nur noch ihre reine

Lichtenergie übrig ist, und vereinige sie. Nur ihre gegenwärtige Form hat den Eindruck erweckt, dass sie in einem Widerspruch zueinander stehen. Lasse die Lichtenergie dann in dein Herz einströmen.

Möglicherweise kommen noch andere Aspekte in dir hoch, die Akzeptanz, Vergebung und Integration erfordern. Alle diese Prinzipien der Heilung helfen dir jedoch dabei, über deine Angst hinaus und an einen neuen und besseren Ort zu gelangen.

Lektion 95

Bei einem Kampf bist du zur Heilung aufgerufen

Ein Kampf ist ein Zeichen dafür, dass etwas nicht stimmt und der Heilung bedarf. Es ist möglich, dass dein Kontrahent sich eines Fehlverhaltens „schuldig" gemacht hat. Wenn du mit Selbstgerechtigkeit auf die Situation reagierst, vertust du jedoch die Chance, Heilung nicht nur auf der alltäglichen, sondern auch auf tieferen Ebenen deines Bewusstseins zu erlangen. Diese tieferen Ebenen jetzt zu heilen bedeutet, künftige Konflikte zu verhindern. Daran, dass du einen Zustand des Friedens erlangt hast, erkennst du, dass der Heilungsprozess abgeschlossen ist. Frieden führt zu Liebe, Fülle und Freude. Wenn du keinen Frieden empfindest, betrügst du dich daher um diese Aspekte des Glücks. Durch Heilung kannst du jeden Kampf und jedes Unglück in Glück verwandeln. Deinen Frieden zu verlieren heißt, den stillen Geist zu verlieren, der nötig ist, um die Stimme der Führung zu hören, die dir zeigt, wie jetzt und in Zukunft alle gewinnen können. Einen Kampf zu überwinden heißt erkennen, dass es keine „bösen Buben", sondern lediglich unwissende Menschen gibt. Ein Kampf ist immer ein Versuch, dich aufzuhalten, weil du Angst hast. Infolgedessen vertust du möglicherweise die Chance, einen großen Sprung nach vorne zu machen.

Jeder Kampf bietet die Chance zur Heilung. Erfolg und Partnerschaft können den Platz einnehmen, den bisher der Konflikt eingenommen hat. Vergib so lange, bis du Frieden erlangt hast. Falls weitere Schichten des Konfliktes zutage treten, vergib auch ihnen, bis du deine Mitte und deinen Frieden gefunden hast. Die Welt ist dazu da, Heilung zu erlangen. Dein Kampf bietet dir eine weitere Gelegenheit, dein Bewusstsein zu heilen, deine Zuversicht zu stärken und dein Herz zu öffnen. Heilung bringt Bedeutung in eine bedeutungslose Welt hinein und gewinnt die Bedeutung zurück, die du aufgrund alter Verletzungen verloren hattest. Sie sind ein Zeichen dafür, dass ein alter Kampf noch nicht abgeschlossen ist. Verpflichte dich deiner Heilung. Verpflichte dich dir selbst und dem nächsten Schritt. Benutze andere Menschen nicht, um dich zurückzuhalten. Wünsche dir nichts anderes als die Ganzheit, die durch Heilung entsteht, denn aus ihr gehen alle guten Dinge hervor.

Ein Kampf ist ein Fehler, und wenn du dir erlaubst, darin zu schwelgen, kann daraus sehr rasch eine falsche oder selbstgerechte Einstellung werden. Wenn ein Kampf beginnt, hörst du auf zu lernen. Lernen und Heilung sind jedoch die zwei Seiten einer Medaille. Bei einem Kampf bist du blind in dir selbst gefangen, und positive Veränderung ist unmöglich. Es ist an der Zeit, dich zusammenzureißen, damit ein neues Kapitel beginnen kann. Bei einem Kampf verstrickst du dich in die Schuld deines Gegners, während du deine eigene Schuld verbirgst. Entscheide dich stattdessen für die Heilung. Es geht im Leben nicht nur um dich oder deinen Groll. Dein Groll soll in einer Situation lediglich dafür sorgen, dass alles sich um dich dreht. Wenn du in dein Unterbewusstsein hineinschauen könntest, wüsstest du, in welch hohem Maße dein Bewusstsein gespalten und wie unehrlich es ist. Entscheide dich jetzt für deine Heilung. Bringe das, was verborgen ist, ans Licht, damit es mit Hilfe von Akzeptanz, Vergebung und Integration geheilt werden kann.

Lektion 96

In einem Kampf bist du beide Seiten

Rumi sagte: „Du bist der Spiegel und auch das Gesicht darin." Die Welt ist dein Spiegel. Sie zeigt dir deine Gedanken. Sie ist ein Spiegel deines Bewusstseins. Sie ist der Film deiner Selbstkonzepte. Du bist jeder Darsteller. Du bevölkerst die Welt mit deiner Vergangenheit. Die Welt zeigt dir, was du von dir selbst glaubst. Deine Mutter, dein Vater, dein Partner, deine Kinder, deine früheren Partner und deine Geschwister zeigen dir wesentliche Anteile deiner Seelenglaubenssysteme, die du integrieren musst, damit die Gaben geteilt werden und die Probleme sich auflösen.

In einem Kampf bist du sowohl der Protagonist als auch der Antagonist. Der äußere Konflikt spiegelt einen inneren Konflikt wider, und der Antagonist zeigt dir den Anteil deines Bewusstseins, mit dem du dich weniger identifizierst. Alles, was du einem anderen Menschen antust, tust du dir selbst an. Alles, was du einem anderen Menschen sagst, sagst du dir selbst. Innere und äußere Konflikte lassen Angst entstehen, die dich daran hindert, den nächsten Schritt zu gehen. Wenn du annimmst, vergibst, integrierst und dich einem anderen Menschen verpflichtest, findet innere Heilung statt und du wirst zu größerer Einheit vorangebracht. Das Bewusstsein der Einheit ist von Freude und der Erkenntnis des Geistes geprägt, dass wir alle Teil eines einzigen Gefüges sind. Erkenne in deinem Gegner heute dich selbst. Hilf ihm, wie du dir selbst helfen würdest, und liebe ihn, wie du dich selbst lieben würdest.

Lektion 97

Bei einem Kampf bist du zur Wehrlosigkeit aufgerufen

Wehrlosigkeit steht scheinbar in einem Widerspruch zu deiner natürlichen Reaktion und deinem Bedürfnis, dich zu verteidigen. Natürlich bist du aufgerufen, dich zu verteidigen, wenn du körperlich angegriffen wirst, denn zu erlauben, dass du körperlich verletzt wirst, entspricht nicht der Wahrheit. Es hätte lediglich zur Folge, dass ihr euch beide schuldig fühlt. Wenn du auf irgendeine andere Weise angegriffen wirst, bist du jedoch dazu aufgerufen, wehrlos zu sein. Die Wahrheit braucht keine Verteidigung. Klärung kann hier äußerst hilfreich sein. Differenzen sind oft eine Folge von Missverständnissen, die sich ganz einfach dadurch lösen lassen, dass ihr beide dem jeweils anderen mitteilt, was eurer Meinung nach vor sich gegangen ist.

Wenn du daran interessiert bist, Heilung zu erlangen, damit du ein höheres Maß an Ganzheit erfahren kannst, dann bist du natürlich auch an Wehrlosigkeit interessiert. Wehrlosigkeit führt zu emotionaler Reife und Partnerschaft. Wenn du versucht bist, eine abwehrende Haltung einzunehmen, dann frage dich, was du verteidigst. Vermutlich ist es dein Ego. Mit deinem Einverständnis und deiner Mithilfe hat dein Ego den Angriff herbeigeführt, denn das ist die Natur des Egos. Wehrlosigkeit ist das Gegenteil von Angriff. Sie übernimmt Verantwortung für den Angriff und erkennt, dass nicht äußere Faktoren – wie die Tatsache, dass jemand anderer im Unrecht war – das Problem hervorgerufen haben, sondern dass das, was geschehen ist, deine Entscheidung war und geschehen ist, weil du mit dem Ego an einem Strang gezogen hast. Das Ego ist die Dynamik und das Prinzip der Trennung, und es vergrößert seine Macht durch Angriff. Sowohl Angriff als auch Trennung erzeugen Angst, und obwohl das Ego versucht, sich einzuschmeicheln, indem es verspricht, dir die Angst zu nehmen, gehört Angst zu seinen wichtigsten Bestandteilen. Dich von Angst zu befreien wäre gleichbedeutend damit, dich von ihm selbst zu befreien, sodass es dies nur in sehr begrenztem Umfang tut. Nur in einer von Angst erfüllten, getrennten Welt erlangt das Ego die Eigenständigkeit, die es so verzweifelt anstrebt, um sich selbst Wirklichkeit zu verleihen. Wenn du angegriffen wirst, frage dich: „Was soll eigentlich verteidigt werden?" Was willst du beweisen? Alle Emotionen, die in dir hochkommen, sind Emotionen, die du bereits aus der Vergangenheit in dir trägst. Es sind Mauern, die zwischen dir und dir selbst, dir und deinem Erfolg, dir und den Menschen, die du liebst, und dir und dem Himmel stehen. Es ist an der Zeit, die Vergangenheit zu heilen und ein höheres Maß an Ganzheit zu erreichen. Deine Emotionen stehen für Fehler, die berichtigt werden können. Du kannst sie berichtigen, indem du gibst. Jemand, der dich angreift, fühlt sich schwach und hat das Gefühl, etwas zu brauchen. Wenn du so weit wie möglich in deiner Mitte bleibst, kannst du Liebe oder das, was er braucht, energetisch in ihn einströmen lassen. Menschen, die angreifen, sind auf der Bauchebene fast immer weit offen. Selbst wenn sie ihren Angriff fortsetzen – was häufig nicht der Fall ist –, werden sie dich danach meist nicht noch einmal mit solcher Vehemenz angreifen.

Solange du bei einem Angriff nicht anfängst, dein Ego zu verteidigen, kannst du ganz einfach Zeuge dessen sein, was geschieht. So kannst du später – wenn wieder mehr Frieden eingekehrt ist – jede noch verbleibende Emotion heilen. Du brauchst dich nicht zu verteidigen. Du kannst dir vorstellen, dass du aus Rauch bestehst und der Angriff durch dich hindurchgeht. Du kannst darum bitten, dass ihr beide – du und dein Angreifer – in immer tiefere und zugleich höhere Mitten zurückgeführt werdet. Auf diese Weise erfüllst du die Situation mit einem immer umfassenderen Frieden, der ein höheres Maß an Liebe und Zusammengehörigkeit entstehen lässt.

In einem Kampf ist dein Kontrahent ein Spiegel deiner Glaubenssysteme, in die du investiert, die du aber verleugnet hast. Frage dich, was du glauben musst, damit diese Situation eintreten oder dein Gegner die Position einnehmen konnte, in der er sich nun befindet. Lasse diese Glaubenssysteme los. Sie haben mit einer Entscheidung begonnen, und wenn du sie loslässt, kannst du ein höheres Maß an Freiheit zurückgewinnen.

Nicht zuletzt steht dein Kontrahent in einem Kampf für deine verborgenen Selbstkonzepte. Wehrlosigkeit bedeutet, dass diese Selbstkonzepte auf natürliche Weise angenommen, losgelassen und integriert werden. Partnerschaft auf einer neuen Ebene wird dadurch möglich.

Was ein Mensch dir zeigt, ist das, was du ihm gezeigt hast. Auf diese Weise wird also ein großer Teil deines heimlichen Urteils und Angriffs offenbart. Diese verborgenen Aspekte sind ein Fehler und können mühelos losgelassen werden, wenn du erkennst, dass sie nicht nur Angriff erzeugen, der sich gegen dich selbst richtet, sondern auch die Angst, die dein Leben einengt. Es ist an der Zeit, dich der Wehrlosigkeit zu verpflichten.

Lektion 98

Heilung durch Liebe

Jede leidvolle Erfahrung und jedes Problem weist auf einen Ort hin, an dem du lieblos reagiert hast. Da die Welt ein Spiegel deines Geistes ist, richtet sich dein Handeln im Grunde nur gegen dich selbst. Was du in anderen Menschen siehst, ist dein eigener, persönlicher Film, der auf die Welt projiziert wird. Er zeigt, was du über dich denkst, und wenn du lieblos reagierst, verweigerst du dir selbst die Liebe, die andere Menschen dir schenken wollen. Du reagierst, als ob die Liebe, die sie dir entgegenbringen, Angst sei, und Angst scheint ebenso attraktiv zu sein, wie es die Liebe gewesen wäre, wenn du dich nicht dafür entschieden hättest, einen Anteil deiner selbst abzuspalten, auf die Welt zu projizieren und dir dann die Liebe zu verwehren.

Mangel in einem Bereich deines Lebens bedeutet immer, dass du dir selbst für eine Zeit, in der du hartherzig gewesen bist, nicht vergeben hast. Auch wenn deine Wahrnehmung diese Tatsache auf den Kopf stellt und es so aussehen lässt, als würden andere Menschen dir ein Leid zufügen, rührt die Ursache aus der Zeit her, in der du hartherzig gewesen bist. Dir mag es so vorkommen, als ob andere Menschen dir etwas angetan hätten oder als ob sie etwas nicht getan hätten, das sie deiner Meinung nach hätten tun müssen. Wenn du in dein Unterbewusstsein hineinblicken könntest, würde es dir jedoch zeigen, dass du die Situation selbst herbeigeführt hast, um eine Belohnung zu bekommen, die Teil des Plans war, den dein Ego geschmiedet hat. Möglicherweise war es auch ein Ort, an dem du dich zu sehr davor gefürchtet hast, den nächsten Schritt zu gehen, und eine Ausrede brauchtest, um den Rückzug antreten zu können. Der Plan deines Egos erweckt nur den Anschein, als ob er dich glücklich machen könne. In Wirklichkeit stärkt er nur die Macht des Egos. Das, wofür du dich entschieden hast, kann dich niemals glücklich machen. Die Unabhängigkeit, für die du dich entschieden hast, ist nicht die Freiheit, nach der du gesucht hast. Sie ist eine Rolle, die weder empfangen noch genießen kann und überdies die Rollen des Opfers und der Aufopferung im Gepäck hat.

Auch Aufmerksamkeit, Besonderheit und dunkler Glanz können dich weder befriedigen noch dich belohnen. Es kann dich nicht glücklich machen, vor deiner Lebensaufgabe zu fliehen, andere Menschen zu kontrollieren, Recht zu haben, eine Schuld tilgen zu wollen, deiner Angst aus dem Weg zu gehen oder dich zu verstecken.

Du hast anderen Menschen zu Unrecht die Schuld daran gegeben, dass du leidest, um nicht vortreten und dein Licht leuchten lassen zu müssen. Du hättest sie retten können, hast sie stattdessen jedoch benutzt, weil sie dir die perfekte Ausrede geliefert haben, um nicht vortreten zu müssen. Später wirst du dich mit Mangel und anderen selbstschädigenden Problemen bestrafen, um die Schuld zu tilgen, die dieser Vorfall dir eingeflößt hat. Du verharrst in dieser dunklen Welt, weil du dich vor Licht und Liebe fürchtest. Deine Welt und dein Leben sind daher reich an Trennung und Problemen.

Du benutzt alle diese Dinge und drehst einen Film daraus, um der Liebe aus dem Weg zu gehen, die deine Lebensaufgabe ist, und der Gnade, die der Himmel dir zuteilwerden lassen möchte, um einen Himmel auf Erden zu erschaffen. Du fürchtest dich vor der Liebe, fürchtest dich vor dir selbst und fürchtest dich davor, dein Licht leuchten zu lassen. Dies kann sich jedoch ändern, wenn du erkennst, was du wirklich willst. Die Liebe ruft dich beharrlich, und in *Ein Kurs in Wundern* heißt es: „Die Liebe wartet auf ein Willkommen, nicht auf die Zeit." Es ist an der Zeit, die Liebe in dein Leben einzulassen und willkommen zu heißen. Schuld hat nur so lange Bestand, wie du an sie glaubst. Sie macht dich hartherzig gegenüber dir selbst. Wenn du deine eigene Schuld loslassen würdest, dann würdest du auch aufhören, Schuld in anderen Menschen zu sehen. Du würdest nicht nur die Liebe, sondern auch andere Menschen und den Himmel hereinlassen. Du würdest eine andere Welt wahrnehmen als die, die du jetzt siehst. Die Liebe würde dich heilen und dir neues Leben schenken. Du würdest das, was du empfängst, mit anderen Menschen teilen, sodass die Liebe, die dir zuteil würde, in einer immer größeren Aufwärtsspirale des Glücks weitergegeben würde. ***Wenn du dich immer wieder fragst, was du willst***, wirst du die richtige Entscheidung treffen. Du radierst die Vergangenheit aus und bittest die Liebe herein. Sie wird dich heilen und glücklich machen. Was willst du? Was willst du?

Lektion 99

Die Schattenfigur des passiven Aggressors

Alle Schattenfiguren sind abgespaltene Selbstkonzepte, von denen du noch nicht einmal weißt, dass sie da sind. Es sind Selbstkonzepte oder Aspekte deines Bewusstseins, die mit einem hohen Maß an Selbsthass und daher auch mit einem hohen Maß an Selbstbestrafung verbunden sind. Möglicherweise trägst du nicht nur Schattenfiguren des passiven Aggressors, sondern auch Selbstkonzepte des passiven Aggressors in dir. Der Unterschied liegt darin, dass Selbstkonzepte ein wesentlich geringeres Maß an Selbsthass in sich tragen. Das Selbstkonzept des passiven Aggressors wird als normal empfunden, während die Schattenfigur des passiven Aggressors ein enorm hohes Maß an Selbstverurteilung enthält, was zur Folge hat, dass du sie vor dir selbst verbirgst.

Passive Aggression ist – neben Angriff, Rückzug und Opferhaltung – eine der Formen, die Zorn annehmen kann. Passive Aggression ist raffiniert. Du kannst sie nicht nur vor anderen Menschen, sondern auch vor dir selbst verbergen. Tief in deinem Inneren muss dir jedoch bewusst sein, dass du passiv aggressiv bist, weil du anderenfalls nicht wissen könntest, was es vor dir selbst zu verbergen gilt. Die Menschen in deiner Umgebung sind sich in der Regel deiner passiven Aggression bewusst, die ständig aus dem Hinterhalt feuert. Sie funktioniert allerdings nur so lange, bis sich bei den Menschen, die du im Visier hast, ein derart hohes Maß an Groll angesammelt hat, dass sie die Felsen bombardieren, hinter denen du dich versteckst. Da du deine passive Aggression leugnest, glaubst du, ein unschuldiges Opfer zu sein, und du kannst nicht verstehen, warum auf dir herumgehackt wird. In und hinter diesen Dingen verbirgt sich jedoch nach wie vor die Schadenfreude, die andere Menschen wütend macht und frustriert.

Es gibt einen einfachen Weg, dich von passiver Aggression zu heilen. Zuvor musst du allerdings erkennen, dass diese Falle dir die Möglichkeit bietet, stur die Trennung aufrechtzuerhalten und gegen das Einssein des Himmels zu kämpfen. Deine Rebellion wehrt sich gegen die wunderbare Ekstase der Liebe Gottes, die dich aus dieser Welt hinaus- und in den Himmel hineinbefördern würde. Trotz des Elends, das du erschaffen hast, wärest du lieber König oder Königin dieser Welt, statt zur Liebe selbst zurückzukehren. Liebe und Frieden bleiben dir jedoch verwehrt, wenn du Angriff in dir trägst.

Frage dich, wie viele Schattenfiguren des passiven Aggressors du in dir trägst. Stelle sie vor dir und rechts von dir in einer Reihe auf. Frage dich dann, wie viele Selbstkonzepte des passiven Aggressors du in dir trägst, und stelle sie vor dir und links von dir in einer Reihe auf. Frage dich, wie sie sich auf dein Leben ausgewirkt haben. Vereinige nun alle Schattenfiguren und alle Selbstkonzepte des passiven Aggressors zu einer einzigen großen Gestalt. Nähere dich ihr. Es handelt sich um ein Hologramm. Wenn du in das Hologramm eintrittst, erkennst du eine Pforte. Es ist eine Pforte der Initiation. Gehe durch sie hindurch auf die andere Seite. Sehr selten passiert es, dass du an einen dunklen Ort gelangst. Bitte in einem solchen Fall dein höheres Bewusstsein, ihn mit Licht zu erfüllen und zu klären. Du kannst alle Menschen, die du besonders gequält hast, hineinbitten und auch sie mit dem Licht dieses Ortes ermächtigen.

Lektion 100

Was du zu bekommen versuchst, hält dich zurück

Gier, Bekommen, Nehmen, Schwelgen, Verhaftungen, Süchte und Götzen sind Dinge, die du von außerhalb deiner selbst zu bekommen versuchst und die dich zurückhalten. Die Einstellung des Nehmens und Bekommens ist in der Welt zwar weit verbreitet, führt jedoch zu Verletzung, Herzensbruch und Machtkampf. Sie führt zu Abhängigkeit, die sich in Form von Verhaftung und Festhalten zeigen kann, und früher oder später führt sie zu Verlust, Traurigkeit und Enttäuschung. Du suchst nach etwas außerhalb deiner selbst, das dafür sorgen soll, dass du dich besser fühlst. Du bist von äußeren Dingen abhängig, nicht von dir selbst und vom Himmel. Etwas, das von innen kommt, oder etwas, das du empfängst, tappt nicht in diese Falle. Die Einstellung des Nehmens von außen kann Formen annehmen, die große Probleme verursachen können. Dazu zählen beispielsweise Schwelgen, Süchte und Götzen. Eine solche Einstellung nährt Konsumdenken und Konkurrenz anstelle von Zusammenarbeit und Kreativität. Konsumdenken schwächt dich und nimmt dir jede Eigeninitiative. Diese Einstellung des Nehmens kann sich zu einer heftigen Begierde entwickeln, weil sie den Wunsch nicht erfüllt und sich daher in Gier verwandeln kann. Konkurrenz treibt die Dynamik des Machtkampfs an. Das heißt mit anderen Worten, dass es keinen Kampf ohne Konkurrenz geben kann. Konkurrenz führt jedoch auch zu Leblosigkeit, weil Rückzug verhindern soll, dass du verlierst. Unter dem Vorwand, gewinnen zu wollen, verbirgt sie in Wirklichkeit eine Angst vor dem nächsten Schritt. Neben deiner Angst und der Scheu davor, den nächsten Schritt zu gehen, hält Konkurrenz dich deshalb im Teufelskreis von Überlegenheit und Unterlegenheit gefangen. Manchmal stehst du über anderen Menschen, manchmal unter ihnen, gelangst jedoch nicht über Leblosigkeit und Kontrolle hinaus und zur Partnerschaft voran.

Eine Einstellung des Bekommens oder des Schwelgens wird oftmals durch harte Arbeit oder Aufopferung kompensiert. Dein gespaltenes Bewusstsein hält dich jedoch an Ort und Stelle fest, anstatt dich zu einem höheren Maß an Erfolg voranzubringen.

Wenn du ein Interesse daran hast, dich zu befreien, dich weiterzuentwickeln und erfolgreicher zu sein, kannst du jeder Form des Bekommens auf den Grund gehen und erkennen, dass genau diese Einstellung dich am stärksten zurückhält. Betrachte einen Bereich, der mit Bekommen zu tun hat – ob übermäßiges Essen, Kaufsucht, übermäßiger Alkoholkonsum oder harte Arbeit –, und gehe der Frage nach, was du zu bekommen versuchst, statt zu geben. Stelle dir dann die Frage, welche Selbstkonzepte versuchen, äußere Befriedigung zu erlangen, auch wenn es ihnen niemals gelingen kann. Um diese Selbstkonzepte am Leben zu erhalten, musst du versuchen, ihre jeweiligen Bedürfnisse zu erfüllen. Sobald du jedoch die Bedürftigkeit deiner Selbstkonzepte erkennst und weißt, dass äußerer Konsum dir niemals volle Befriedigung oder Erfüllung zu bringen vermag, kannst du dich dafür entscheiden, den gesamten Komplex loszulassen. Alternativ kannst du jede Kompensation mit der Form des Bekommens integrieren, die notwendig ist, um die Spaltung zu heilen und neue Zuversicht entstehen zu lassen. Du kannst dich dafür entscheiden, es geschehen zu lassen, oder den Himmel darum bitten, sie für dich zu integrieren. Sobald sich Frieden und neue Ganzheit eingestellt haben, entscheide dich dafür oder bitte den Himmel darum, auch deine Glaubenssätze und Selbstkonzepte zu integrieren.

Es ist wichtig zu wissen, dass jedes Selbstkonzept eigene Bedürfnisse hat, die Teil seines Charakters sind. Als du dich getrennt hast, um das Selbstkonzept zu erschaffen, ist ein Bedürfnis entstanden. Das veranlasst dich, zu nehmen oder zu bekommen, weil du fürchtest, dass, wenn du das, was du brauchst, empfängst, du das Selbstkonzept verlieren könntest, das du erschaffen hast, um überhaupt eine getrennte Identität aufzubauen. Du konsumierst, um Befriedigung mit Hilfe einer Strategie des Egos zu erlangen, die nicht funktionieren kann. Trennung und Mangel an Liebe haben deine Selbstkonzepte erschaffen. So haben wir unser Ego aufgebaut. Wo wir den ursprünglichen Fehler gemacht haben, lieblos zu handeln und einem anderen Menschen die Schuld daran zu geben, können wir nun die Liebe einlassen, um Heilung zu bringen. Die Liebe schenkt uns Zufriedenheit. Die Liebe lehnt eine Einladung oder ein Willkommen niemals ab. Wenn du also einen Ort der Habgier in dir entdeckst, bitte an seiner Stelle die Liebe herein und heiße sie willkommen.

Nachwort

Mit der Entscheidung für deine emotionale Reife entscheidest du dich für die Wahrheit. Es ist auch die Entscheidung für Veränderung, einen Schritt hin zu einem höheren Maß an Verbundenheit, Erfolg und Fluss. Es ist die Entscheidung für den Frieden. Es ist die Erkenntnis, dass alles, was uns aufgebracht hat, durch uns geheilt werden muss. Wenn wir keinen Frieden empfinden, können wir nicht so auf eine Situation eingehen, dass sie vorangebracht wird, statt nur in einem Kampf zu enden. Emotionale Reife beginnt mit Bewusstheit, Verantwortung und damit, jede Selbstgerechtigkeit aufzugeben, die zeigt, dass wir reagieren, statt auf eine Situation einzugehen.

Unsere emotionalen Reaktionen sind alles, was zwischen uns und der Liebe steht, die ein wesentlicher Aspekt des Himmels auf Erden ist. Eine Emotion weist auf eine Verwundung hin. Diese Verwundungen müssen wir heilen, um ein guter Partner zu werden und um zu verhindern, dass Tyrannei und das Bedürfnis nach Beachtung und Besonderheit der Liebe und unserer Fähigkeit, eine Beziehung herzustellen, im Weg stehen.

Emotionale Reife führt dazu, dass unsere Partnerschaft vertieft und unsere weibliche Seite erneuert wird. Dies macht uns fähig, zu empfangen und uns an dem zu freuen, was wir empfangen haben. Es gibt uns unsere Liebenswürdigkeit zurück.

Verpflichte dich immer wieder deiner emotionalen Reife. Das allein reicht aus, um vergangene Konflikte zu heilen. Liebe und Erfolg sind dir sicher, wenn du auf deine Emotionen achtest und sie nutzt, um Heilung zu erlangen. Du erlangst ein höheres Maß an Ganzheit und innerem Frieden. Nicht dein Bedürfnis, andere Menschen zu beherrschen oder selbst zum Opfer gemacht zu werden, nimmt zu, sondern deine Zuversicht und deine Macht. Ebenbürtigkeit erwartet dich, und mit ihr gehen Liebe und Hilfsbereitschaft einher. Das Leben wird leicht, Erfolg stellt sich mühelos ein, und wir beginnen, uns aus dem

Würgegriff des Egos zu lösen, das uns erst klein machen und dann zu seinem eigenen Vorteil überhöhen will. Wir fangen an, nach den Grundsätzen unseres höheren Bewusstseins zu leben, das einfühlsam ist, und das einzige „Opfer“, zu dem es uns bringen will, besteht darin, unser Leiden aufzugeben.

Weitere Bücher aus dem Verlag Via Nova:

Emotionale Reife

Die Heilung der Gefühlswelt
Chuck Spezzano

Hardcover, 200 Seiten,
ISBN 978-3-86616-280-8

Fortsetzung des Bestsellers "Wenn es verletzt, ist es keine Liebe" auf der Ebene der Emotionen

Chuck Spezzanos internationaler Bestseller „Wenn es verletzt, ist es keine Liebe" inspirierte bis heute unzählige Menschen weltweit. Nach fast 20 Jahren präsentiert der berühmte Weisheitslehrer nun den ersten Teil der Fortsetzung seines erfolgreichen Meisterwerks, in das der reiche Erfahrungsschatz seiner Arbeit mit Menschen auf Seminaren und Trainings in der ganzen Welt einfließt. Den Leser erwartet wieder ein Feuerwerk an Inspirationen und Weisheiten, aufgeteilt in praktische, in sich abgeschlossene Lektionen, die mitten im Leben abholen und auf den Pfad der emotionalen Reife führen. Ein Handbuch des Herzens – stets überraschend, humorvoll, tiefgründig und voller Liebe, weist es den Weg zu lebendigem Glück, erfüllenden Beziehungen und innerem Wachstum.

Die inneren Heilkräfte erwecken

Heilung von • Krankheiten • Beziehungen • Lebensumständen
Chuck Spezzano

Hardcover, 256 Seiten, ISBN 978-3-86616-259-4

Hinter unseren Krankheiten, Beziehungs- und Lebensproblemen stecken sehr oft unbewusste und unterbewusste Lebensmuster. Diese in ihrer ganzen Tiefe zu erkennen und aufzulösen, um ein gesundes und erfülltes Leben zu führen, dazu lädt das neue Buch von Chuck Spezzano ein. Das Besondere dieses neuen Meisterwerkes ist, dass der Leser hier Erkenntnisse, Methoden und Techniken findet, die aus Spezzanos unmittelbarer, über 35-jährigen therapeutischen Arbeit stammen. Dieses Buch vermittelt lebendiges Wissen und vitale Weisheiten mit sehr praxisbezogenen Methoden und Übungen. Ein heilsamer Ratgeber und weiser Begleiter auf der Reise zu sich selbst, zu mehr Gesundheit, Zufriedenheit und Lebensfreude.

Heilung beginnt im Herzen

Die inneren Kräfte wecken, um Körper und Seele zu heilen
Chuck Spezzano

3. Auflage

Hardcover, 240 Seiten, ISBN 978-3-86616-140-5

Das neue Buch des bekannten Lebenslehrers Dr. Chuck Spezzano gibt dem Leser grundlegende Prinzipien und Methoden an die Hand, um sich von allen Formen von Krankheit und Schmerz zu befreien. Es ergründet nicht nur die Wurzeln dessen, was Krankheiten und Schmerzen erzeugt, sondern zeigt darüber hinaus praktische Wege, wie man die dem eigenen Herzen und Geist innewohnende Kraft nutzen kann, um Krankheiten zu heilen und Schmerz aufzulösen.

Karten der Selbstheilung

Illustrationen von Petra Kühne

Chuck Spezzano

2. Auflage

100 farbige Karten mit Begleitbuch, ISBN 978-3-86616-209-9

Die Karten der Selbstheilung sind eine große Hilfe, denn sie geben jedem die Möglichkeit, unterbewusste Muster zu erkennen und aufzulösen, die oft Ursache von Krankheiten und Problemen sind. Die Karten der Selbstheilung sind nach bewährter Manier in fünfzig positive und fünfzig negative Karten unterteilt, und wie schon bei den Karten des Lebens und den Karten der Partnerschaft hat die Künstlerin Petra Kühne wunderbare kleine Kunstwerke geschaffen, die die Aussagen der Karten mit Leben erfüllen. Ein Begleitbuch erläutert die Bedeutung der Karten, macht Vorschläge für mögliche Legungen und stellt zudem heilende Übungen vor, die helfen, die Ursachen von Krankheiten und Problemen zu erkennen und aufzulösen.

Die inneren Gesetzmäßigkeiten des Erfolgs

Sein Leben selbst in die Hand nehmen

Chuck Spezzano

Taschenbuch, 240 Seiten, ISBN 978-3-86616-272-3

Erfolg ist unser natürlicher gottgegebener Zustand, wenn wir im Einklang sind mit uns und den universellen Gesetzmäßigkeiten. Alles, was uns hindert, diese Fülle zu erfahren, sind wir selbst und unsere unbewussten Vorstellungen und Glaubenssätze, unser Ego, unsere Traumata und unsere Vergangenheit. Chuck Spezzanos neues Meisterwerk zeigt uns einen tief transformierenden Weg zu unserem wahren Selbst und zum Erfolg in seinem wahrhaftigsten Sinne. Es ist eine kraftvolle Ermutigung und Inspirationsquelle, ein Begleiter im Alltag und ein Lehrbuch des Herzens. In den 100 in sich abgeschlossenen Lektionen begegnen wir tiefer Lebensweisheit und erfahren viele ganz praktische, sofort im Alltag anwendbare Übungen. Ein Buch voller Liebe und erfrischender Wahrheiten!

Wenn alle Menschen Freunde wären ...

Dein Beitrag für eine bessere Welt

Chuck Spezzano

Hardcover, 192 Seiten, ISBN 978-3-86616-168-9

Die Welt von heute krankt daran, dass viele Menschen nur auf ihr eigenes Wohl bedacht sind und für ihre Mitmenschen kaum einen Blick übrig haben. Spezzano macht deutlich, dass wir die Welt verändern können, wenn wir alle Menschen als Freunde betrachten. Er zeigt Wege und Möglichkeiten auf, wie wir unseren Freunden helfen und damit nicht nur ihr Leben, sondern auch unser Leben positiv beeinflussen können. Im ersten Teil wird das Prinzip der „Freunde, die Freunden helfen" anhand zahlreicher Beispiele aus der persönlichen Erfahrung des Verfassers ausführlich erläutert. Der zweite Teil bietet eine ganze Reihe von heilenden Prinzipien und Übungen, die dem Leser zeigen, wie er sich mit anderen Menschen verbinden kann, um ihnen – und damit zugleich sich selbst und der Welt – zu helfen.

Radikales Erwachen

Nimm dich im Alltag ganz an

Jeff Foster

Hardcover, 256 Seiten, ISBN 978-3-86616-282-2

Jeder spirituell Suchende sehnt sich nach Einssein, Freiheit und bedingungsloser Liebe, „anzukommen" und im Hier und Jetzt vollständig aufzuwachen. Wer es liest, begegnet keinem neuen spirituellen Konzept, keiner Theorie, sondern der Einfachheit, Schönheit und Tiefe einer überwältigenden Erfahrung. Lebensnah, humorvoll, berührend und im besten Sinne radikal in seiner Direktheit zeigt Jeff Foster, wie die vollkommene Akzeptanz des Lebens und der Gefühle zur Freiheit führen und alles verwandeln kann. In jeder Zeile ist spürbar, dass er aus der eigenen lebendigen Erfahrung schöpft, und so geraten wir schon beim Lesen in den erfrischenden Sog der Freiheit.

Alles ist da – du musst es nur finden

Mystische Erfahrungen im Alltag

Gisela Zuniga

Taschenbuch, 208 Seiten, ISBN 978-3-86616-251-8

Viele Menschen in unserer Zeit suchen nach religiöser Erfahrung, sehnen sich nach Spiritualität. Eine erfahrene Meditationslehrerin macht sich mit dem Leser auf die Spur seiner tiefsten Sehnsucht. Sie begleitet ihn auf dem Weg zur Vereinigung mit dem letzten Geheimnis, mit seinem tiefsten Grund, mit Gott. Sie lehrt den spirituellen Weg der Kontemplation. Sie führt in die Stille, um hinter der Stille des letzten Geheimnisses gewahr zu werden, in die Fähigkeit des Loslassens und zur Erfahrung des wahren Selbst. Es ist der Weg von der Oberfläche in die Tiefe, vom Haben zum Sein, aus der Zerstreutheit zurück in den Ursprung. Jeder Mensch, so sagt die Autorin, ist fähig, in ein Höheres Bewusstsein zu erwachen und ein Leben aus der Kraft des Seins zu führen, ohne Angst, ohne Sorge, in Freiheit und Liebe.

Sein Bewusstsein auf eine höhere Seinsebene bringen

Geführte Meditationen

Werner Vogel

CD, Laufzeit: 70 Minuten, ISBN 978-3-86616-123-8

Die Grundübung aller spirituellen Wege ist die Meditation. Das Ziel der Meditation in allen spirituellen Traditionen ist die Erfahrung eines nichtdualistischen Bewusstseinszustands. Um in den Zustand des Geistes in der bewussten Erfahrung des „ewigen Hier und Jetzt" zu kommen, bedarf es einer stufenweise aufgebauten Übungspraxis. Geführte Meditationen können helfen, den zerstreuten Geist zu sammeln und auszurichten. Dadurch kommt der Übende zur Ruhe und zur Erfahrung der inneren Stille. Der Geist beruhigt sich und wird klar wie die Oberfläche eines aufgewühlten Sees, auf dessen Grund man sehen kann. Schließlich tritt der Zustand der gesammelten inhaltslosen Wachheit im Geist ein und der Übende wird offen und frei für ein höheres Bewusstsein. In der CD werden 3 Meditationsübungen angeboten, teilweise unterlegt mit meditativer Musik.

Hochsensibel – Was tun?

Der innere Kompass zu Wohlbefinden und Glück
Mit grundlegenden Infos und zahlreichen Übungen
Sylvia Harke

2. Auflage

Paperback, 320 Seiten, ISBN 978-3-86616-281-5

Fühlen Sie sich auch manchmal wie von einem anderen Stern? Einfach nicht gemacht für diese Welt? Dann gehören Sie vielleicht auch zu der Gruppe der hochsensiblen Menschen, und dieses Buch kann für Sie zu eine wahren Offenbarung werden. Autorin und Therapeutin Sylvia Harke - selbst einer so genannte „HSP" (Highly Sensitive Person) – hat dieses Phänomen sehr einfühlsam und tiefgründig erforscht und gibt ganz praktische, konkrete Hilfen für den Alltag. Untermauert mit zahlreichen eindrucksvollen Interviews und Fallbeispielen kann dieses Buch für jeden hochsensiblen Menschen zu einer wertvollen Lebenshilfe werden und gänzlich neue Perspektiven für die eigene Lebensgestaltung eröffnen.

Lebenskräfte

Barbara Schenkbier

Hardcover, Geschenkbuch, 64 Seiten, 28 farbige Fotos, ISBN 978-3-86616-285-3

Wenn wir im Gleichklang mit den Kräften des Lebens sind, dann entsteht ein unbeschreiblicher Zauber des Erlebens, wir sind im Fluss, fühlen uns verbunden, voller Frieden, schöpferisch und verwandelt. Wie wir uns mit diesen essentiellen Kräften noch mehr verbinden und sie in unser Leben einladen können, dazu regt uns dieses Buch auf liebevoll berührende Weise an. Die Texte wirken dabei wie Nahrung für die Seele und erinnern uns im Innersten an das wirklich Wesentliche unserer Existenz und die zeitlosen Wahrheiten unseres Seins. Wer dieses Buch zu seinem Begleiter macht, hat stets eine erfrischende Quelle der Kraft und Inspiration an seiner Seite, die sein Leben reicher, bewusster und erfüllender machen kann. Die wunderschönen Fotos aus dem Garten der Autorin von ihrer Enkelin Celina Fine verstärken noch die Wirkung der Worte.

Was die Welt zusammenhält

Ein grundlegender Dialog über Materie und Geist
Dr. Hartwig Volbehr

Paperback, 200 Seiten, ISBN 978-3-86616-283-9

Glauben und Wissen, Geist und Materie, Religion und Naturwissenschaft - seit jeher scheinen dies Pole verschiedener Weltsichten zu sein. Und dennoch: Immer steht die größte aller Fragen im Mittelpunkt, nämlich, „was die Welt im Innersten zusammenhält". Mit viel Freude an der intellektuellen Auseinandersetzung führt das Buch den Leser auf eine fesselnde Reise zu den elementaren Themen des Menschseins und berührt dabei Fragen, die sich jeder von uns schon einmal gestellt hat. Dabei erweist sich die Dialogform des Buches als großer Glücksfall und macht den Widerstreit der zwei Seelen, die wir alle in der Brust haben, lebendig und nachvollziehbar. Machen Sie sich gefasst auf eine faszinierende Expedi tion zum Ursprung aller Dinge und darauf, dass Ihr altes Weltbild ins Wanken gerät!